LE BOE

ISBN 978-88-9388-277-4

Prima edizione Baldini+Castoldi - La nave di Teseo febbraio 2020

www.baldinicastoldi.it
info@baldinicastoldi.it

BaldiniCastoldi
BaldiniCastoldi
baldinicastoldi
baldinicastoldi

Vincenzo Salemme

Napoletano? E famme 'na pizza!

Guida ironica per sfuggire
ai luoghi comuni partenopei

Baldini+Castoldi

Sommario

Napoli e la speranza

Quando avevo quattro anni ero terrorizzato all'idea che i miei genitori non tornassero mai più a casa dopo essere stati a Napoli, perché pensavo a quella famosa frase che sentivo ripetere continuamente soprattutto negli anni Sessanta: «Vedi Napoli e poi muori!»

Ero rimasto traumatizzato, infatti, quando, nel 1963, la radio e la televisione annunciarono che il presidente degli Stati Uniti John Fitzgerald Kennedy era stato ammazzato con un colpo di fucile (i colpi, poi, dopo lunghissime e infruttuose inchieste della polizia federale Americana, si scoprì che erano stati due). Frequentavo le scuole elementari alla Luigi Illiano del mio paese e suor Natalizia ci diede da svolgere un compito a commento di quel terribile fatto di sangue.

Ebbene io, che non brillavo certo in logica, feci la sciocchezza di scrivere che il simpatico e amatissimo presidente del Paese più potente al mondo, l'uomo che forse più di tutti quelli che lo avevano preceduto aveva incarnato il sogno americano, era stato ucciso perché, venendo in visita a Napoli, aveva sfidato l'avvertimento popolare.

Ho raccontato questo aneddoto – che mi costò una

tirata d'orecchi dalle dita nodose di quella suora incurvata dagli anni e dalle preghiere – per provare a spiegare il mio difficile e travagliato rapporto con la Napoletanità.

Io sono nato a Bacoli, un bellissimo paese, costruito in assenza di un qualsiasi ordine urbanistico sulla lingua di terra flegrea che finisce nell'acqua dal lato alto del golfo di Napoli. Tuttavia, per quelli che mi conoscono grazie al mio lavoro, sono napoletano. In effetti il luogo di nascita, Bacoli, quando mi capita di riempire un modulo burocratico, porta sempre di fianco, confinato da parentesi tonde, la dicitura NA con entrambe le lettere in maiuscolo. Insomma a tutti gli effetti, anche dal punto di vista amministrativo, io sono napoletano.

Ma basta il certificato di nascita a sancire la mia Napoletanità?

Sono anni che cerco il posto giusto per confessare due gravi macchie che proiettano ombre sulla autenticità dell'aggettivo geografico che mi accompagna da sempre, in ogni accenno biografico. Persino nel primo risvolto di copertina del mio primo romanzo, qualcuno, a nome della casa editrice, ha scritto che rappresento l'anima migliore di Napoli. Non c'è bisogno di dirvi quanto l'amore, ricambiato, dei napoletani nei miei confronti mi abbia sostenuto in questa, ormai lunga, carriera artistica.

Così, quando ho deciso di scrivere questo libro ho intravisto la possibilità di parlare a cuore aperto e liberarmi di un peso antico e pure di un peso più recente che mi opprimono l'animo e mi rendono insicuro.

Insomma, mi chiedo, io posso o non posso definirmi

a tutti gli effetti «Napoletano Verace»? E quanto, e perché?

Diamine, ho pensato, stai a vedere che certe cose non si possono dire nemmeno alle persone che dovrebbero avere uno spirito laico e ingentilito dai milioni di parole scritte o lette sulle tante pagine, sfogliate o riempite, di quegli oggetti chiamati libri che, più di ogni altra cosa, dovrebbero rappresentare il pilastro centrale su cui si inerpica l'evoluzione dello spirito umano.

Sinceramente, rimpiango gli anni in cui ci si divideva tra destra e sinistra. Era tutto più semplice. Com'era facile quando bastava enunciare la parità dei sessi per essere di sinistra o, al contrario, difendere i ruoli tradizionali che dividevano gli esseri umani in lavoratori e casalinghe.

Poi qualcuno ha iniziato a incasinare le cose. Come quando quella bella e comoda divisione tra classi sociali è saltata per aria e i ceti subalterni hanno cominciato a riempire di decibel e voti i narratori di destra, mentre uomini e donne di sinistra annaspavano per inseguire una battuta famosa di Nanni Moretti detta quasi per gioco in un film di quaranta anni fa. Tutti abbiamo subìto qualche trauma da questo trasformismo ideologico sia che si bazzicasse da un lato sia che si frequentasse la parte opposta.

Credetemi, persino le battaglie per i diritti civili – che ci dividono in uomini e gay, in mamme e uteri, in buoni e disonesti, in paurosi e coraggiosi, in colti e furbi, in ricchi e poveri, in tassati ed evasori – sono o possono essere aggirate e falsate. Tutti, chi più chi meno, tranne qualche ovvia e lodevole eccezione, ci barcameniamo fingendo di abbracciare con passione e senza alcun secondo fine la causa più conveniente. E tutti, in un modo o nell'altro riusciamo ad arrivare fino in fondo senza essere scoperti.

Ma vi prego di credermi se vi dico che, al contrario, quella della verace e autentica Napoletanità è una patente che ti viene data alla nascita ma che, a differenza di tutte le altre origini identitarie, è mille volte più dispotica, ardua e insidiosa.

Essere napoletani richiede disciplina e devozione assolute, nonché il rispetto di un gran numero di regole. Voi mi direte che ogni città ha le proprie insindacabili, irrinunciabili dimostrazioni di affetto. Ah, sì?!

Secondo voi un napoletano potrebbe mai dire che preferisce la pizza romana – quella sottile e biscottosa – alla pizza napoletana, gonfiata dal lievito madre e messa a riposare una notte intera, condita con un misto di pecorino e parmigiano, con il pomodoro DOP del Nolano, il fiordilatte di Sorrento o la mozzarella di bufala in versione casertana o battipagliese?

Non lo potrebbe mai fare senza incorrere in sanzioni gravissime da parte dei detentori del titolo di Vera Pizza Napoletana! Quanti romani al contrario hanno la libertà di dire che «'A pizza napoletana è de n'antra categoria»? Gli tolgono forse la patente di romano? No. Il romano è libero di dirlo senza essere apostrofato come traditore delle proprie origini. E quanti milanesi possono dire che la cassœula non la digeriscono proprio? Molti milanesi non sanno nemmeno cos'è la cassœula. E se un palermitano preferisce la cassata di

Catania? Sì, forse qualcuno gli dà del «fetuso», ma non si permette certo di accusarlo di scarsa Palermitanità.

Voi pensate che un napoletano si possa permettere di non amare il soffritto, il ragù, la genovese, i friarielli, il caffè con tazzina bollente che ti manda all'ospedale per ustioni?

Per voi è facile pensarla così.

È facile perché non siete voi quelli costretti a essere più simpatici perché napoletani, più ottimisti perché napoletani, più comici perché napoletani. Non siete voi che dovete dire almeno due volte a settimana che a Napoli non tutto è *Gomorra*, che siamo soprattutto la città di Croce, Eduardo e Totò. Non siete voi che dovete fingere di avere una filosofia di vita che nessuno in realtà sa descrivere con precisione. Non siete voi che siete costretti a FARE i napoletani e non a ESSERE napoletani.

A essere cioè, più semplicemente, persone! Ricche o povere, di destra o di sinistra, gay o etero, alte o basse, grasse o smilze, intelligenti o furbe, comunque nate, per caso, mai per scelta, a Napoli. Ed esserne fieri perché si ha la fortuna di vivere in una delle città più belle del mondo.

E quindi adesso sono qui per confessare i miei errori, i miei peccati originali sperando almeno nella vostra indulgenza.

Nel mio caso, comunque, non c'è speranza senza Napoli. O meglio, io temo di non avere speranze se si scoprisse che ho utilizzato un titolo, quello di napoletano, senza avere tutti i requisiti per potermene vantare.

A proposito di speranza, però, vi prego, io ne ho

solo una: che, da oggi in poi, essere Napoletani Veraci significhi anche e pur sempre essere italiani e cittadini del mondo, né più simpatici né più antipatici degli altri, dei quali non voglio più sapere necessariamente da che luogo provengano ma, piuttosto, in quale direzione sognano di andare.

Luogo di nascita

Credetemi, non è un problema di poco conto, avere la patente di Napoletanità può sembrare semplice ma non lo è affatto.

In fondo, si potrebbe pensare che basti nascere a Napoli per essere considerati napoletani a tutti gli effetti. Per cui, il fatto che io sia nato, come dicevo, a Bacoli, rende il mio curriculum sicuramente più sfavorito rispetto a chi invece è nato e, soprattutto cresciuto, in un quartiere della Napoli vera, quella del centro storico così caro a milioni di turisti incantati dalla bellezza delle chiese e dei palazzi che, nelle loro pietre grigie di travertino e di gloria antica, raccontano secoli di dominio culturale internazionale o, al contrario, secoli di sottomissione all'imperialismo di turno.

Per centro storico si intendono anche, ovviamente, gli strafamosi Quartieri Spagnoli. Ecco, per uno nato nei Quartieri Spagnoli è tutto più semplice.

Tutto il mondo ci invidia gli scugnizzi più simpatici e arguti del pianeta. Persino quando imperversava la leggenda, perché di leggenda si trattava, che attraversare i Quartieri Spagnoli significava andare incontro allo scippo assicurato, tutti i non napoletani amavano raccontare il furto subìto con la leggera allegria di chi è stato derubato dalle simpatiche scimmiette dello Zoosafari di Fasano, in Puglia. Ci siete mai stati?

C'è (o almeno c'era quando ci andavo io, almeno trenta anni fa) in questo zoo senza gabbie una zona del percorso da compiere rigorosamente in macchina, riservata a degli intelligentissimi scimpanzé che ti smontavano, letteralmente, i fari e i tergicristalli dell'auto. E i proprietari dell'auto danneggiata ridevano di cuore per la destrezza di quei nostri antenati pelosi che, non contenti di averli derubati, si fermavano a guardarli con una specie di ghigno di sfida come a dire: «Per ora mi sono fregato i fari, ma la prossima volta mi prendo tutta l'auto». Poi giravano i talloni e andavano a mettere «in deposito» la refurtiva.

Cosa intendo dire con questo aneddoto? Le scimmiette che cavolo se ne facevano dei fari e dei tergicristalli rubati? Non li rivendevano mica. E allora perché rubavano?

Ma è semplice, pensateci bene. All'ingresso dello zoo safari c'era affisso, in bella vista, scritto in lettere chiare e leggibili, in almeno due lingue, che chi si fosse avventurato in quella zona del percorso si sarebbe trovato coinvolto col ruolo di vittima della scenetta che vi ho raccontato.

Gli scimpanzé, in pratica, recitavano quel ruolo, il ruolo di ladri. Un po' come quello assegnato alla famosa gazza. Se vediamo una gazza non speriamo forse che ci rubi qualcosa?

Saremmo felicissimi di raccontare che un uccello,

senza mani, senza armi, «...È riuscito a fregarmi il borsellino...! È stato pazzesco!»

Ecco cosa voglio dire. Quando (per fortuna negli ultimi anni il racconto degli scippi napoletani si è molto ridimensionato, anche se questo discorso lo si può fare per tutte le grandi metropoli) un turista attraversava quelle meravigliose salite che si fanno faticosamente spazio tra case a livello stradale, bazar di ogni tipo, trattorie con tre tavoli, scooter disseminati un po' ovunque, automobili parcheggiate in certi angoli impossibili, ricavati tra le pareti dei palazzi, che si intrecciano e si sostengono l'uno con l'altro, e tu ti chiedi non come abbiano fatto a parcheggiare lì, ma come abbiano potuto anche solo pensarlo di parcheggiare un'automobile in quel buco e immagini il numero di manovre che dovrà fare il pilota per uscirne, ma ancora più meraviglia suscita la gente che intorno a quell'auto vive e agisce come se quell'auto fosse parte di un paesaggio quasi naturale, allora ti chiedi come mai a nessuno verrebbe mai in mente di accusare il proprietario di quell'automobile per aver occupato una parte così consistente di suolo pubblico, in un quartiere dove lo spazio a disposizione sembra sparire, divorato dai bisogni o dagli egoismi di tutti quei napoletani che vivono in una strana armonia, sottolineata da quella lingua inconfondibile e teatrale e dagli odori dei brodi per il ragù alla genovese, ecco, quando un turista attraversa questo spicchio famoso della mia città sa, perché glielo hanno raccontato tutti, che sarà sicuramente rapinato dal Napoletano Verace, quello vero, nato in un «basso» da trentacinque metri quadri dove dormono in dodici e, tranne il padre che probabilmente fa l'operaio, sono tutti disoccupati.

E questi napoletani, per dimostrare la loro veracità, sono quasi costretti a soddisfare il desiderio del turista che vuole sperimentare il brivido della rapina.

Ecco, vorrei deludere questi amanti dell'avventura. Il Napoletano Verace non è come le scimmiette dello Zoosafari. Il Napoletano Verace non ruba per accontentare il turista. Se per essere considerati Napoletani Veraci bisogna assecondare la novella antica che ci descrive ancora come scugnizzi alla ricerca di fortuna, allora temo che l'esame di Napoletanità lo supererebbero in pochi.

Non voglio nascondermi dietro un dito sostenendo che nella mia città il problema della criminalità non esiste. Certo che esiste! Ma non è mica con furtarelli e scippi che al giorno d'oggi si possono guadagnare punti sulla patente di Napoletano Verace.

Eppure se a rubare è un ragazzino di Napoli ci sembra molto più normale, quasi più naturalmente giusto rispetto al furto praticato da un giovane nato da un'altra parte del mondo. Forse il Brasile somiglia a Napoli in questo trito luogo comune.

Luoghi comuni

Devo aprire una parentesi sui luoghi comuni. Ce ne sono tanti e di tutti i tipi, a tutte le latitudini del nostro pianeta. Tuttavia, ce ne sono alcuni blandi e altri più riconoscibili, più duri a morire, più difficili da contraddire.

Abbiamo sentito un milione di volte dire che «Come sono bravi i ne(g)ri a ballare non è bravo nessuno». Ebbene, di questo luogo comune, negli anni, nei decenni, siamo riusciti forse a cancellare soltanto la *g* che ho chiuso tra due parentesi, grazie al nuovo linguaggio universale, ripulito, non senza qualche ipocrisia, dall'etica moderna del politicamente corretto. Ma, al di là delle cose che si dicono per vieto razzismo, sui neri non ci sono molte caratteristiche che renderebbero tipica la loro identità, sia che si riferiscano ai neri d'America sia che riguardino gli africani. A parte l'inclinazione al ballo e alla musicalità blues, per il resto non ci sono etichette applicabili indistintamente a tutti i neri di pelle. Per gli americani si può dire che siano i velocisti più rapidi e scattanti del mondo, mentre gli africani, al contrario, si dice siano quelli più resistenti nelle gare di fondo. Forse qualche lettore mi potrebbe ricordare la peculiarità che rende famosi nel mondo tutti i neri, il più trito e triviale dei luoghi comuni, quello della "superdotazione", ma a questi suggeritori maliziosi rispondo che quel luogo comune (che oltretutto non è parte di un presunto bagaglio culturale ma piuttosto di un ordine genetico) non riguarda i neri in generale, ma solo i maschi!

Sugli italiani di luoghi comuni ce ne sono tanti: ad esempio, la tendenza ossessiva al risparmio dei genovesi o la permalosità dei siciliani, lo snobismo dei milanesi e la caparbietà dei sardi che se la contenderebbero coi calabresi.

Di tutte queste sentenze da antropologia di terz'ordine potremmo ridere o soffrire, ma di tutte possiamo dire che sono abbastanza singolari, nel senso che per ogni città ce n'è una, non di più, sono uniche nella cultura di ognuno dei popoli a cui sono attribuite.

Per noi napoletani, invece, questo non vale. La quantità di caratteristiche che ci dovrebbero distinguere dal resto del mondo è davvero insuperabile. Essere napoletani implica una serie di peculiarità impressionante.

Provo solo a farvi un elenco ma poi, a ognuna delle voci, vorrei dedicare un capitolo a parte. Perché vorrei dare al lettore, anche e soprattutto al lettore napoletano, lo spessore e la fatica che richiede l'autocertificazione culturale di Napoletano DOC.

Scrivo le voci come mi vengono in mente:

- Il caffè
- La pizza

- Il ragù
- Il Napoli calcio
- San Gennaro
- La canzone napoletana classica
- I neomelodici
- La sceneggiata
- Totò, Eduardo, Troisi… e Benedetto Croce
- (Capitolo a parte per *'A livella*)
- Pulcinella
- Il Vesuvio
- Il mare e Mergellina
- I Quartieri Spagnoli
- Il presepe e i pastori
- La Smorfia
- I capitoni, la pastiera, i dolci di Natale
- La mozzarella di Aversa e quella di Battipaglia (con una digressione per provola e fiordilatte)
- La camorra
- *Gomorra*

E per ognuno di questi titoli io mi porrò la fatidica domanda (e consiglio anche a chi legge di fare altrettanto): sono o non sono un vero napoletano?

Il caffè

Non mi è noto il motivo per cui tutti, almeno in Italia, ritengono che Napoli sia la città del caffè. La città cioè dove il caffè è considerato una bevanda quasi sacra. E i bar napoletani i migliori a proporlo.

Tuttavia, come ogni cosa che riguarda questa città, c'è tanta ipocrisia di giudizio, tanta differenza tra quello che i non napoletani dicono in pubblico, soprattutto ai napoletani, e quello che invece dicono in privato, quando sanno che nessuno può ascoltarli e non temono di essere tacciati di razzismo antimeridionalista.

Intanto, per curiosità, ho provato a consultare (non vedevo l'ora di farlo visto che l'ho comprata l'estate scorsa per soddisfare un desiderio, un po' provinciale, che mi perseguitava sin da giovanissimo: avere in casa l'enciclopedia, in versione cartacea, più importante e completa d'Italia) la MIA Treccani e, con grande sorpresa, alla voce *Caffè* che faceva da capoverso ad almeno quattro pagine fittissime corredate da disegni e spiegazioni di ogni tipo – da quelle scientifiche a quelle geografiche – la parola Napoli non appare mai. Mai!

C'è di tutto, dal sud dell'Abissinia, dove pare sia nata la pianta del caffè, nell'enciclopedia citata spesso come «droga», allo Yemen, dalle Indie orientali alle colonie inglesi, da Napoleone col suo impero in espansione agli arabi, inventori ovviamente della Coffea Arabica L. (non so cosa sia la *l* col punto, non ho approfondito).

Si parla (e questo è stato proprio un affronto per un Napoletano Verace!) persino dei veneziani e di Trieste, che nel 1650 circa... ma come?! Il caffè di Napoli di qua e il caffè di Napoli di là e poi... la Treccani non ci cita?

A questo punto mi chiedo se posso dire quello che penso sinceramente o se poi questa mia sincerità mi costerà un caro prezzo. Se mi sarà tolta la patente di napoletano, sarò subissato dagli insulti oppure se questa città dimostrerà al mondo che è superiore a tutti i cliché che la dipingono legata ai riti e agli usi di una cultura tribale?

Facciamo così: io vi dico quello che penso di ognuna delle voci che ho sopra elencato, ma alla fine di ogni paragrafo vi rivelo anche un mio peccato, un mio piccolo tradimento a ognuno dei nostri riti consacrati dalla Storia e dal Popolo.

Io amo il caffè, proprio quello del bar, quello che fanno a Napoli di più per vari motivi.

Il primo dipende dalla passione. A Napoli il caffè richiede passione, in chi lo fa e in chi lo beve. Richiede tempo. Non si può entrare in un bar (e vi garantisco che in molte città mi succede) e mentre fai lo scontrino il barista ha già riempito la tazzina. Il caffè non può essere tiepido!!! Dev'essere caldo.

E su questo devo dire già una prima cosa, un primo appunto ai miei concittadini. Caldo non significa bollente, non significa che ti ustioni le labbra. Una volta ero stato dal dentista che mi aveva fatto un'anestesia per curarmi un molare, dopo ero sceso al bar con le labbra ancora addormentate dal sedativo. Bevvi quindi senza accorgermi di nulla, ma dopo dieci minuti avevo il lato della bocca gonfio come se avessi fatto un'iniezione di botulino interrotta a metà.

A volte non si può toccare nemmeno il manico della tazzina perché sembra appena uscito da un forno incandescente!

Amici baristi di Napoli, vi faccio un appello: tenete la tazza in caldo ma non esagerate, non spaventate i turisti. E non costringete anche noi, che siamo orgogliosi di questa città, a soffrire in silenzio. Il turista quando torna a casa sua dirà tutto il male possibile di quella tazza rovente anche a se a voi ha finto di fare i complimenti. Controllate quanto ha impiegato a bere il caffè. Conosco persone che per far raffreddare la tazza hanno aspettato venti minuti!

E, ve lo voglio dire, qualche volta io ho finto di ricevere una telefonata per prendere tempo e per impedire ai Probi Viri della Napoletanità Verace (cittadini comuni che si sentono investiti di un ruolo che nessuno gli ha assegnato) di farmi una lezione, non sempre con buone maniere, riempiendomi di sensi di colpa, sulla mia inettitudine a esistere come napoletano.

«Ch'he ditto??? Che 'a tazza coce troppo assai??? Uagliù avite sentito??? Chisto (indicandoti) dice che è napulitano e se coce c'a tazzina d'o cafè! E che napulitano si'? 'O caffè tene 'e 3 *c*...» E chi non conosce il significato di queste tre *c*? Ve lo devo scrivere? *Comme Cazzo Coce*.

A volte ho la sensazione che in alcuni bar di Napoli finiamo per comportarci come quelle scimmiette dello zoo di Fasano che, per accontentare i turisti, rubano i fanali delle loro auto.

Un consiglio: facciamo il caffè con amore, abbiamo ancora le macchine a pistone, inimitabili. Abbiamo miscele strepitose. Abbiamo il culto della convivialità. Perché mettere in fuga un cliente innocente facendogli bere un caffè troppo forte, col rischio di bruciarlo e bruciare il cliente col rischio di perderlo?

La confessione: qualche anno fa, a Palermo, in via Roma, in un bar piccolissimo, il cui proprietario faceva tutto da solo perché non poteva permettersi un aiutante, ho bevuto il caffè forse più buono della mia vita.

La pizza

Al contrario del caffè, l'altra eccellenza gastronomica, il *must* forse ancora più *must* del nostro espresso bollente, vale a dire sua signoria «la Pizza napoletana», sulle pagine della summenzionata enciclopedia Treccani, NON COMPARE!

Niente. Si passa da *Pizia* «...Nome con il quale si designava la sacerdotessa che a Delfi recitava i responsi del Dio a coloro i quali erano venuti a interrogare l'oracolo...» (una specie di Sibilla Cumana, insomma) direttamente a *Pizzetti* «...Ildebrando, musicista nato a Parma...»

Cioè, vi rendete conto? L'alimento forse più conosciuto al mondo non compare nell'enciclopedia più consultata del nostro Paese. Cos'è? Una specie di invidia? Per quale motivo i professoroni della Treccani hanno ignorato il nostro disco di farina e acqua sposate con lievito e tempo di attesa, attesa che quella massa bianca e umida, elastica e plasmabile si espanda in tutta la sua fragranza per fare da letto ai condimenti più classici e a quelli più estrosi della modernità creativa.

Perché ignorare la pizza? Perché ignorare la curiosità di un lettore Napoletano Verace come me (e questa accorata filippica a favore della vera regina di Napoli sta a dimostrarlo... spero) che vorrebbe sapere quando è nato questo alimento ricco di calorie nobili e di sapori mediterranei.

Ma soprattutto chi l'ha inventato? Quando? Certamente siamo stati noi napoletani. Non venitemi a raccontare di qualche piatto arabo a base di acqua e farina eccetera eccetera, altrimenti mi costringerete a elencarvi come facciamo noi la pizza. Non costringetemi a farlo. Perché voi non napoletani ci provate un gusto speciale a metterci alla prova. Perché a voi non costa nulla dire quello che vi pare sulla pizza.

Se un romano dice che la pizza romana non gli piace perché è troppo biscottosa, a nessuno viene in mente di cacciarlo da Roma. Eppure Roma ha una pizza al taglio insuperabile. E figuriamoci se un umbro non può dire che la sua focaccia al testo è troppo secca. Cosa volete che gliene freghi, agli umbri. Ma questo non vale per i Probi Viri della Napoletanità.

Guai se un napoletano osa dire che preferisce la pizza sottile romana a quella soffice e alta dei pizzaioli campani! Vieni additato come nemico della storia e della cultura nobile della nostra amata città. E questo vale anche quando ti trovi in una città diversa da Napoli. In quel caso, se per errore entri in una pizzeria, allora devi ricordarti il tuo compito di difensore strenuo e orgoglioso della nostra cucina insuperabile. Devi fare un boccone di quella pizza che il povero pizzaiolo di turno, sudando per l'ansia e maledicendoti per l'ingresso nella sua pizzeria, ti ha messo davanti ed esprimere il tuo giudizio, con l'aria di un giudice severo ma misericordioso... «Non è male, complimenti... certo, l'acqua di Napoli è l'acqua di Napoli... (ma cosa avrà mai l'acqua di Napoli di così tanto speciale da rendere la pizza, ma soprattutto il caffè di cui sopra, così inimitabili?) ...Certo, noi abbiamo una mozzarella che è unica al mondo... (vorrei far notare che sulla pizza si impone, come da tradizione, il fiordilatte, latticino di latte vaccino e non di bufala) ...E poi il pomodoro... noi usiamo... (come se a parlare fosse un pizzaiolo e non un cittadino comune, capitato lì per caso) il pomodoro DOP del Nolano...»

E giù con tutta questa esibizione di sapienza gastronomica che la metà basta a far pensare agli ascoltatori di turno: «Mamma mia, che palle!!!»

Ecco, ve lo devo dire. Io amo la pizza napoletana e metto la pizza Margherita in testa alla classifica personale dei piatti preferiti, la mangerei tutti i giorni ma, vi prego, non facciamone un dramma.

Chiedo ai Probi Viri, ai possessori della nostra cultura più autentica, di liberarci da questo peso. Dove peso sta per peso dell'anima, in quanto non possiamo sentirci in colpa se qualche volta mangiamo la pizza anche fuori Napoli e proviamo un sereno gradimento nello scoprire che anche gli altri possono saper fare, magari a modo loro, quello che pensiamo di saper fare solo noi.

Ma peso anche nel senso letterale della parola, nel senso di digestione proprio. Perché la pizza fatta alla napoletana è davvero molto difficile e richiede, come per il caffè, passione, tempo e ingredienti di prima categoria.

La passione perché ci vuole tanta passione per trovare la forza e la pazienza di accendere il forno e portarlo alla giusta temperatura, stare davanti al calore di quel forno anche quando la temperatura esterna è alta (e a Napoli capita molto spesso), a stendere la pasta che, dispettosa, torna a stringersi fino ad arrendersi alla forma perfettamente tonda che gli impone il pizzaiolo esperto che probabilmente ha ereditato quel mestiere antico dal padre o da un vecchio maestro senza sorriso, poi una volta servite qualche centinaio di pizze (perché, quando la pizza è buona, i clienti sono tanti) il pizzaiolo non si ferma e prepara la pasta per il giorno dopo affinché sia pronta per la seconda regola: il tempo.

Il tempo, perché ne occorre di tempo alla pasta per gonfiarsi al caldo tepore di un panno di lino, appallottolata in una apposita cassetta di legno (d'acero, credo) ed evitare di espandersi, prepotente e indigesta, nello stomaco di chi la mangia.

Infine, gli ingredienti: dalla pasta con la farina e il lievito giusti e l'esatta quantità di acqua, il fiordilatte che è altra cosa dalla mozzarella, perché una volta in cottura non suda acqua lattiginosa in eccesso che rovinerebbe la pizza. Il pomodoro, il basilico e l'olio extra vergine d'oliva, una manciata di parmigiano e pecorino a donare quel pizzico di sapidità ai pelati (rigorosamente schiacciati a mano).

Insomma, fare una pizza è effettivamente un'arte ma, come dice il detto, impara l'arte e mettila da parte, non fartene ogni volta una medaglia perché le medaglie, quando poi sono troppe, rischiano di piegarti sotto il peso della gravità.

La confessione: quando mi capita di lavorare alle prove teatrali in una sala romana, mi piace uscire in pausa per gustarmi, reprimendo l'entusiasmo delle papille, un bel trancio di pizza al taglio condita con mozzarella (quella romana che non è certo eccetera eccetera...) fiori di zucca e acciughina. Uno sballo!

Il ragù

’O raù che me piace a me
m’o faceva sulo mammà
’a che m’aggio spusato a te
ne parlammo pe’ ne parlà

Questo è l’inizio di una delle più famose poesie di quello che da molti (compreso me che ho avuto il privilegio di lavorarci) è considerato uno dei più grandi uomini di teatro del Novecento e forse di sempre, Eduardo De Filippo.

La poesia concludeva, rivolgendosi alla moglie appena sposata:

M’a fai dicere ’na parola?
Chesta è carne cu ’a pummarola.

Per intendere che la moglie, vale a dire le nuove generazioni, non possono stare al passo con la tradizione, in questo caso culinaria, di un popolo. Insomma, il ragù è una cosa, mentre quello che faceva la moglie della poesia non è niente più che pezzi di carne messi a cuocere in una semplice passata di pomodoro.

Eduardo, la cui grandezza intellettuale nessuno può disconoscere, si era scomodato per scrivere una poesia, quasi un'invettiva in tono allegro, contro la modernità, contro la perdita della memoria storica delle cose.

Ora, a parte la spregiudicatezza nel pretendere che una donna debba saper fare il ragù (qualsiasi ragazza oggi, a un marito così maschilista e pretenzioso, risponderebbe ridendo: «Visto che ti piace tanto quello di tua madre, perché non provi a fartelo da solo?»), spregiudicatezza che il politicamente corretto dei nostri giorni non permetterebbe nemmeno al più specchiato degli uomini, la cosa veramente curiosa è che un uomo, che aveva lanciato ai giovani napoletani il famoso urlo/invito «Fujtevenne!» per esortarli a scappare da una città incapace di amarli, si spendesse per scrivere una poesia sul ragù! Attribuire cioè a una ricetta il valore quasi fondativo di una coppia di sposi.

Quindi, mi rivolgo sempre a chi napoletano non è, mettetevi nei panni di uno che invece napoletano lo è e deve anzi dimostrarlo ogni giorno. Avete una pallida idea di quanto ci voglia per fare un ragù alla napoletana?

Ma quello vero, non quello della sposina nella poesia di Eduardo. Quello della mamma.

Bisogna fare un brodo di carne il sabato e metterlo da parte. Sempre il sabato far rosolare almeno un paio di chili di carne, non tutti uguali, ci vogliono le spuntature, forse le salsicce, il manzo e, soprattutto, il lardo e la sugna. Far rosolare con aglio e cipolla. Dopo un'ora aggiungere un bel po' di vino e far asciugare piano piano (operazione che richiede un'altra ora!) e poi, solo poi, mettere il concentrato, poco per volta. E, per ogni cucchiaio di concentrato di pomodoro si allunga col brodo di cui all'inizio.

Dopo due ore di questi «allunghi», si mette a «pippiare» (dal rumore – *pi pi pi* – dell'aria che sfiata facendosi largo nella salsa cremosa e di colore simile al mogano) per altre due, forse anche tre ore. E siamo a un totale di sei o sette ore!!! La domenica mattina con una schiumarola si elimina il grasso venuto a galla durante la notte e il ragù è pronto per colorare i famosi «ziti spezzati» che, rompendosi, perdono dei pezzetti chiamati «nasilli» per la loro forma curva (fino a quaranta anni fa gli ziti, come gli spaghetti, venivano messi ad asciugare su stecche di ferro come i panni stesi nelle immagini più famose dei nostri vicoli storici e quindi, laddove la pasta si ripiegava su se stessa, formava una curva a *u*, quella curva, una volta spezzato in due lo zito, si separava dal resto del maccherone e veniva chiamata nasillo).

Vi rendete conto di quale calvario bisogna affrontare nel fine settimana per rispettare le tradizioni della vera Napoletanità? Vi rendete conto, poi, di cosa deve affrontare lo stomaco di un essere umano ormai tempestato dalle informazioni sull'igiene alimentare, sul corretto uso di calorie, carboidrati e proteine, tartassato dalle innumerevoli trasmissioni in cui lo chef stellato di turno urla in faccia al povero aspirante cuoco tutta l'inettitudine del suo approccio alla cucina? A Sua Maestà La Cucina!?

Altro che rimbrotti di un marito alla moglie inesperta! Qui si tratta di sopravvivenza.

Per un napoletano, rispettare le regole della buona

cucina tradizionale è davvero un calvario. Un Napoletano Verace non può rinunciare al ragù della domenica, pur sapendo che quel ragù gli costerà punti in più (e non è positivo come per la patente di guida) sul tabellino delle analisi cliniche: colesterolo, trigliceridi, acidi urici e così via.

I siciliani fanno un piatto prelibato che è la caponata, ma lo fanno in cento modi diversi tra una città e l'altra.

Nessuno si scandalizza se a Catania ci mettono le melanzane e a Palermo no (non lo so se è effettivamente così, è solo un esempio).

Il ragù napoletano invece non permette deroghe. Dovunque si trovi, a Napoli o a Firenze, all'Aquila o in Lussemburgo, il Napoletano Verace deve fare il ragù «comme 'o faceva mammà» altrimenti c'è sempre un napoletano, nascosto da qualche parte, pronto a sbucare fuori all'improvviso e a rimproverarci davanti a tutti indicando la zuppiera ricolma che abbiamo appena messo a tavola per gli ospiti.

«Ma che hai fatto?!»

«Il ragù agli amici», rispondi tu timidamente, con gli occhi già adombrati dai sensi di colpa.

«Con le penne rigate!?»

Provi a difenderti: «Qui a Londra gli ziti non si trovano».

Poi, l'accusatore, nel silenzio rispettoso degli ospiti che lo guardano, assaggia. Ingoia. Aspetta.

E poi: «E cheste sarebbe raù...!? M'a fai dicere n'a parola? Chesta è carne cu 'a pummarola!»

La confessione: a Pasqua di quest'anno, il portiere della casa in cui abito, il quale potrebbe tranquillamente essere annoverato tra i Probi Viri della nostra autenticità partenopea, mi ha chiesto:

«Signor Salemme, sono passato davanti a casa vostra stamattina, si sentiva un profumino... che vi sta preparando vostra moglie?»

Era una domanda chiaramente retorica che si aspettava, anzi pretendeva, una risposta già scritta: «Il ragù».

E allora, per evitare sguardi di rimprovero, ho risposto con una bugia e una mezza verità. La bugia era nella conferma che a cucinare fosse stata mia moglie, mentre in realtà ero stato, come sempre, io. E la mezza verità era che lui ci aveva azzeccato in pieno, che sul fuoco a «pippiare» ci fosse effettivamente il ragù, ma se fossi stato sincero fino in fondo avrei dovuto completare la frase aggiungendo alla parola ragù la connotazione geografica dello stesso.

Vale a dire che il sugo di cui il portiere aveva sentito l'invitante profumino era, sì, ragù ma... alla bolognese!

Il Napoli

Quando si dice «il Napoli», con l'articolo determinativo al maschile, nessun dubbio che si parla della squadra di calcio. Perché con l'articolo al femminile si parla invece della città nella sua immagine più colta: la Napoli sotterranea, la Napoli nobile, la Napoli della Federico II eccetera. Succede anche al Milan, al Torino e a varie altre squadre che hanno scelto di chiamarsi con lo stesso nome della città che rappresentano.

Ma il Napoli, a differenza del Verona, del Palermo e delle altre squadre al maschile, ha un cuore totalmente femminile. Direi che il Napoli è la squadra più femmina (sì, femmina) di tutte le altre. Di simile al Napoli vedo solo il Barcellona. Sono squadre che pretendono amore e abnegazione assoluti. Proprio come, nell'immaginario maschile (nel senso non necessariamente maschilista del termine), lo pretendono le bellezze capricciose e irraggiungibili.

Quando un non napoletano mi chiede per chi tifo, immancabilmente, prima che io possa rispondere, mi anticipa: «Il Napoli, ovviamente?»

Ma il punto interrogativo che fa suonare nell'intonazione della sua domanda è assolutamente superfluo secondo la sua logica. Per lui un napoletano non può che fare il tifo per il Napoli. La stessa cosa non avviene per nessuna altra grande città al mondo. Per i romani esiste quantomeno la divisione tra romanisti e laziali. Stessa cosa vale per i milanesi e per i torinesi. Ma anche laddove le squadre della città non siano due, la domanda aspetta sempre una risposta. «Sei di Firenze? Ah, e per chi fai il tifo?» Chi ha fatto questa domanda l'ha fatta davvero col punto di domanda e non si aspetta con certezza assoluta che l'interrogato risponda «Fiorentina». Seppure rispondesse «Bari» (oddio, forse un fiorentino che tifa per il Bari sarebbe effettivamente un po' curioso, anche se, dal mio punto di vista, piacevole) nessuno se ne meraviglierebbe.

Ma se invece un napoletano rispondesse citando il nome di un'altra squadra verrebbe immediatamente guardato con sospetto dalla comunità dei tifosi napoletani e radiato sicuramente da ogni discussione calcistica sul futuro e le strategie della compagine azzurra. Sarebbe un'esclusione anche più crudele di un esilio politico praticato in un Paese dittatoriale. Sarebbe un'esclusione con modi fintamente benevoli. Il napoletano che si permette di dichiarare il suo tifo per una squadra diversa dal Napoli riceve in cambio finto affetto, finta indifferenza.

Quelli che si dichiarano suoi amici, in realtà, non aspettano altro che se ne vada per parlare liberamente di tattiche e di strategie, di formazione e di calciatori. Non lo faranno mai più davanti a lui. Lo considereranno per sempre una spia del nemico. Mettono così in atto una vera e propria operazione di discredito ai suoi danni. Il poveretto avrebbe una sola possibilità di sfuggire a questo destino di solitudine: pentirsi! E dichiarare amore incondizionato per il Napoli. Ululare di gioia quando ci assegnano un rigore inesistente e riempire di insulti l'arbitro che dirige una partita della Juve (contro qualsiasi squadra essa giochi, non solo col Napoli), anche prima che l'arbitro fischi un rigore a favore della cosiddetta Vecchia Signora!

Tutto questo accade solo a noi. Eppure siamo una tifoseria tra le più corrette d'Italia, siamo in serie A da circa un secolo (anche se con alterne fortune), dovremmo ormai essere maturi e accettare che non siamo soli a questo mondo. Come se non volessimo convincerci di essere diventati adulti. Abbiamo quasi paura di accettare che ormai possiamo competere alla pari con tutte le squadre più forti del mondo.

Siamo ormai famosi per questa ortodossia troppo severa del nostro amore per il Napoli. Abbiamo toccato il fondo quando siamo retrocessi in serie C, ma eravamo in paradiso quando a giocare i nostri palloni c'erano i piedi del più grande di tutti i tempi, Diego l'argentino, capace di sfiorare le stelle e cadere nella polvere nell'arco di un battito di cuore, un cuore troppo solo per poter reggere l'urto di un talento così gigantesco.

Non me ne voglia Pelé, considero anche lui il più grande di tutti i tempi. La logica non lo consentirebbe, ma vi chiedo: si può parlare di logica quando i termini di paragone sono l'uomo che in carriera ha segnato 1300 gol e l'uomo che ci ha fatto vincere due scudetti sfidando squadre come la Juve, il Milan, l'Inter, la Roma che hanno fatto la Storia del calcio italiano?

Ecco, ho appena fatto leggere questo paragrafo a un amico napoletano e arrivato alla riga in cui paragono Pelé (Pelé, per la miseria, mica pincopallino!), si è alzato e, scuotendo un po' la testa, mi ha detto «Mhhh, nun c'è male... ma chi fosse 'stu Pelé, quant'anne fa giucava? He capito a chi teneva attuorno stu Pelé? A Didì, a Vavà, a Garrincha...»

«Eh vabbuo'», gli rispondo. «Ma mica Maradona int'o Napule teneva 'na banda 'e scieme! Te ricuorde a Careca? Te ricuorde a Salvatore Bagni? E a Ciro Ferrara, a Giordano...»

Ma ormai non mi ascolta più, sta già parlando al telefono con la fidanzata. Aspetto che riagganci.

«Allora? Ce vedimmo stasera a cena?»

«Mo' aggio parlato cu Luisa, mi ha detto che non possiamo. Sarà per un'altra volta...»

L'isolamento è cominciato!

La confessione: sono un vero tifoso del Napoli, amo l'azzurro e i tre «piccoletti» dell'attacco, amo la serietà della mia squadra e, quando giochiamo in Europa, partecipo al blocco totale della città chiudendo il teatro e annullando ogni mio spettacolo, ma devo confessare che da piccolo, cioè fino ai venticinque anni, ho fatto il tifo per il Milan.

Aspettate, non mi voglio giustificare, ma una ragione c'è. Avevo sei anni quando mio padre e mio zio andarono al San Paolo per un Napoli-Milan. Portarono con loro mio fratello maggiore (di due anni appena) e lasciarono me a casa. Mi disperai, lottai contro le loro spiegazioni – ché sostenevano che fosse imprudente portare un bambino così piccolo allo stadio – ma alla fine mi dovetti rassegnare.

E per calmare le lacrime della mia delusione covai in silenzio la mia vendetta per poi urlargliela in faccia al momento giusto. E al primo Milan-Napoli che ascoltammo in radio dopo quella volta, esultai al gol di Prati che giocava da attaccante nelle file rossonere. Grande fu il piacere che provai nel leggere il dolore negli occhi di mio padre e di mio zio per quel figlio degenere, ma nel loro intimo sapevano che, impedendomi quel giorno di andare allo stadio per esultare a favore di Sívori e Juliano, mi avevano costretto a percorrere la strada sbagliata.

Ma giuro che sono pentito. E giuro di aver esultato quando Mertens, nella partita contro la Fiorentina a Firenze, si è lanciato per terra senza essere nemmeno sfiorato.

Ma cosa sto dicendo...?! Altro che nemmeno sfiorato! A guardare bene si vede chiaramente che il giocatore della Fiorentina soffia violentemente sul piede d'appoggio!

San Gennaro

Se dici San Gennaro dici Napoli. Non c'è alcun dubbio. Il santo patrono di Napoli è senza esitazione il *topos* più significativo della cultura partenopea. Non esiste un patrono così legato alla città che lo invoca. Sant'Ambrogio è sicuramente unito all'immagine di Milano, ma credo che a pochi (a parte i milanesi, ovviamente) verrebbe automatico il collegamento tra il santo e la metropoli più europea tra le città italiane.

Per San Gennaro, invece, l'accostamento tra un Napoletano Verace e il suo santo di riferimento è immediato. Il napoletano viene guardato con un sorriso quando si parla di questo santo che ha avuto una vita piuttosto burrascosa e rocambolesca.

Vissuto in un'epoca, nel III secolo dopo Cristo, in cui i rapporti politici erano decisamente meno diplomatici di oggi, fu vescovo e morì curiosamente all'età di 33 anni come Gesù, decapitato a Pozzuoli per aver contraddetto o offeso un governatore della Campania, Dragonzio (meglio sarebbe stato se il povero Gennaro avesse incontrato l'attuale governatore Vincenzo De Luca: lo avrebbe magari rimbrottato coi suoi modi un po' bruschi, ma poi avrebbe chiuso la faccenda senza troppi rancori).

Le reliquie di San Gennaro sono conservate, attraverso vari passaggi avvenuti nei secoli successivi alla sua morte, nel Duomo di Napoli, a lui intitolato. In questo magnifico edificio è conservato anche il suo tesoro immenso (pare valga più del tesoro della Regina d'Inghilterra!).

E, tra le reliquie del Santo, c'è il suo famosissimo sangue raccolto e conservato in due ampolle che, dalla seconda metà dell'Ottocento, sono oggetto di vero e proprio culto per il fenomeno della liquefazione. Tre volte all'anno, cioè, questo sangue, conservato in stato solido in due sfere di vetro, si scioglie. E questo scioglimento è ritenuto dai napoletani, quelli veri ovviamente, un miracolo beneagurante.

La chiesa, ufficialmente, non lo riconosce come tale, tuttavia accetta l'idea di un popolo che in questo fenomeno sente il favore della speranza. Gli scienziati hanno provato a spiegare la cosa senza sortire alcun condizionamento sulla convinzione popolare.

Se proprio vogliamo, ci sarebbe da spiegare come mai è accaduto qualche volta, in passato, che il sangue non sia tornato liquido nei giorni prestabiliti, cioè nella prima settimana di maggio, il 19 settembre e il 16 dicembre. Ma poi, ve la posso dire una cosa? Io non sono un credente convinto, però credo che la manifestazione più luminosa di Dio sia proprio nel cammino progressivo, a volte esitante, a volte trionfale, della scienza. La Gaia Scienza, quella manifestazione al servizio della vita che solo Dio, o almeno il Dio in cui mi piace sperare, può avere ideato e regalato all'umanità. Per cui non mi interessa se questo è davvero un miracolo o no. Anche se la scienza ci spiega che il sangue si scioglie perché, sbattuto da mani sapienti, perde la sua consistenza solida e torna al suo stato naturale di liquido, per noi napoletani non è importante, a noi interessa che quello sia il sangue (o almeno abbiamo deciso che lo sia) del nostro amato Gennaro che carichiamo tutti i giorni, non solo in quelli della sua manifestazione divina, di ogni nostro desiderio. E se non esaudisce la soddisfazione dei nostri bisogni, i più disperati tra noi, quelli più intemperanti, si possono permettere persino di urlargli contro ogni genere di insulto. Lo chiamiamo «faccia gialla» e poi lo perdoniamo.

Ma vi rendete conto? Ma quale popolo inverte i ruoli a questo modo? Anche il credente meno esperto conosce almeno qualche dogma religioso. In ogni religione è il santo o il venerato o il divino che deve perdonare il fedele. Non può essere il contrario!

San Gennaro, invece, ci consente anche questo gesto di democrazia diretta (stile piattaforma Rousseau), si lascia criticare, talora anche aspramente, per poi farsi perdonare. Quindi, direi che non c'è alcuna discussione saccente, alcun sorrisetto ironico che vi possa consentire di mettere in dubbio la nostra evoluta religiosità. Nessuno tocchi il rapporto del popolo napoletano con il proprio santo Patrono, nessuno si permetta di trattarci come arretrati e pagani cultori iconoclasti. Toglietevi di faccia quel sorrisetto ironico che abbiamo tutti quando guardiamo le scimmiette dello zoo di Fasano. Noi amiamo San Gennaro non per il suo tesoro mirabolante, non per il suo sangue, ma per la paziente indulgenza che ha nei nostri confronti, nei confronti delle nostre paure e delle nostre fragilità.

Perdonate questa escursione nelle categorie dell'etica e della filosofia ma a San Gennaro lo dovevo. Quello che interessa a me, invece, è che San Gennaro, ritenuto dai napoletani il Maradona dei Cieli, molto probabilmente non è nato a Napoli ma a Benevento!

Ma vi rendete conto di quanto sarebbe dirompente questa rivelazione, se fosse vera? Questo dimostrerebbe la possibilità per chiunque lo volesse, di diventare, a giusto diritto e con le carte in regola, un napoletano a tutti gli effetti. Quindi, anche io che sono di Bacoli, posso dirmi napoletano? Forse è ancora presto per questa domanda. O meglio, è presto per ricevere una risposta.

Ci sono ancora molte voci da espletare in questo percorso verso l'identità. Però, potrei dire con una certa dose di fiducia, che il fatto che San Gennaro sia nato a Benevento (sarà davvero così?) dà a tutti noi che non siamo nati a Napoli speranza, perché se rispettiamo le regole e i parametri richiesti dalla commissione d'esame, un giorno potremo dirci, senza paura di essere accusati di millantato credito, di essere pure noi napoletani veri e sinceri.

La confessione: pochi giorni fa ho scoperto che il 25 agosto ricorre l'onomastico di Santa Patrizia. L'ho scoperto grazie a una bella e simpatica insegnante di lettere la quale, portando questo nome, mi ha raccontato che Santa Patrizia è una seconda patrona di Napoli.

Ma seconda non in ordine di importanza, ha aggiunto con piglio quasi femminista. Anche santa Patrizia infatti scioglie il proprio sangue e lo fa addirittura ogni martedì! Nella chiesa del VII secolo, pare bellissima, dedicata a lei. Ecco, mio caro San Gennaro, confesso innanzitutto il mio peccato di ignoranza nei confronti di Santa Patrizia, ma aggiungo che, quando ho chiesto a molti amici se fossero a conoscenza di questa (per me) clamorosa rivelazione, non solo mi hanno risposto stupiti, ma si sono mostrati addirittura scettici, mettendo in dubbio la veridicità di questo racconto. Che invece è assolutamente vero.

E allora, mio caro santo e amico devo confessare che dentro di me ti ho criticato. Ho pensato che tutta questa democrazia, di cui ti ho fatto artefice, si ferma di fronte all'eterno scontro tra i due universi che si contendono il mondo: quello maschile e quello femminile. San Genna', ma è mai possibile che se parle sulamente 'e te e mai 'na parola pe' Santa Patrizia? Io penso che un tuo segno in questo senso, un tuo gesto cavalleresco e galante come è nella cultura di noi veri napoletani ci farebbe urlare di gioia e ti proietterebbe ancor più all'avanguardia in un mondo, quello religioso, poco incline ai cambiamenti.

San Genna', mi aspetto che al più presto ci darai un segno del tuo riconoscimento di Santa Patrizia come patrona della città. Credo che un gesto simile possa valere più di qualsiasi manifestazione politica, di qualsiasi saggio filosofico, di qualsiasi azione umana. E penso che sarebbe un passo rivoluzionario nel difficile cammino che le donne stanno affrontando contro l'ottusa violenza dei maschi che le odiano. Il tuo gesto di affettuoso riconoscimento verso Santa Patrizia, troppo a lungo oscurata dal tuo successo, farebbe sciogliere davvero il sangue, ma non il tuo stavolta e nemmeno quello di Patrizia: il nostro.

Se squagliasse 'o sangue dint'e vvene! Alle donne e ai napoletani che amano le donne.

La canzone napoletana classica

«Sei napoletano e non sai cantare!?» La meraviglia, lo stupore che si colgono nell'espressione di tutti quelli che ci fanno questa domanda, ci dà il segno di quanto noi napoletani siamo più raccontati che reali. Torno sempre all'esempio degli scimpanzé dello zoo di Fasano: quando li rividi per la seconda volta, a distanza di qualche anno, e li osservai più attentamente, mi sembrò di leggere nei loro gesti, nei loro sguardi, una certa stanchezza, come se si fossero rassegnati al business del turismo. Mi sembrarono costretti a recitare la parte dei ladri di fanali. Si erano stufati. Forse i loro figli e nipoti avrebbero imparato il mestiere e assicurato alla struttura di continuare un gioco che in passato aveva tanto divertito i visitatori vittime dei furti.

Lo stesso vale per noi. A volte ho come la sensazione che il turista venga a Napoli con due pregiudizi. Il primo, quello di entrare in una giungla senza regole dove ogni persona si comporta come gli pare, in barba alle norme e alle leggi. In parte questo preconcetto mi pare sopito in questi ultimi anni. Scrivo sopito e non sconfitto perché i pregiudizi sono un po' come quelle malattie che non debelli mai del tutto, sempre pronte, nonostante i nostri controlli e le cure cui ci sottoponiamo, a rialzare la testa della loro virulenza.

Il secondo pregiudizio è che Napoli sia la città del divertimento assoluto. «Voi a Napoli sì che avete la filosofia giusta… sapete prendere le cose con la leggerezza e l'ironia necessarie…» Ora, innanzitutto mi dovete spiegare come si fa a mettere insieme questi due pregiudizi. È chiaramente un ossimoro logico perché, se è vero che Napoli è un po' il Bronx italiano (e anche su questo Bronx ci sarebbe da approfondire quanto ci sia di reale e quanto di cinematografico), allora mi dovete spiegare come può una città, che viene dipinta come il regno della disubbidienza civile, essere allo stesso tempo anche allegra e spensierata. La leggerezza e l'ironia non vanno d'accordo con la violenza e l'aggressività. Ed è per questo che nel film *Benvenuti al sud* il napoletano Siani dice al milanese Bisio, arrivato in Campania con un trasferimento forzato e indesiderato: «Il sud è così, ti fa piangere due volte: una volta quando si arriva e una volta quando si riparte».

Sono tante le persone che mi dicono, dopo essere state a Napoli: «Ma siamo stati benissimo! Ma è una città meravigliosa…!» Secondo me queste frasi stanno solo a dimostrare quanto le stesse persone fossero prevenute quando sono partite. Io non credo nemmeno (e i Probi Viri adesso mi ammoniranno) che siano rimasti davvero colpiti così favorevolmente come dicono dalla mia città. Credo che qualche considerazione negativa certamente se la portino dentro. Ma non la confesseranno mai a me. A me in quanto napoletano, perché temono di offendermi. Che poi è lo stesso atteggiamento che hanno le cosiddette persone normali nei confronti di coloro che, siccome hanno una forma fisica, un colore della pelle o uno status sociale diverso dal nostro, sono ritenuti degli sfortunati, degli sfavoriti dalla sorte.

Ecco, io a volte mi sento così. E non mi piace.

Vale anche (scusate se torno indietro, a uno dei paragrafi precedenti) per il calcio. Io non voglio che tutti siano contenti se il Napoli vince lo scudetto, perché non ci credo. Come è giusto che sia. Prima di tutto perché ne abbiamo vinti già due e poi perché pretendo rivalità e invidia. Come la Juve, l'Inter. Chi se ne frega della finta simpatia!? Io non voglio essere considerato simpatico in quanto napoletano e quindi sfavorito. Preferisco essere antipatico. Questo mi rende meno napoletano di altri?

Ma torniamo alle canzoni. La canzone classica napoletana è meravigliosa, tanto da essere è la musica italiana più internazionale e più famosa del mondo. E non perché la sanno cantare tutti i napoletani – che molto spesso sono anche stonatissimi. Non ci credete? Venite a Bacoli e vi farò sentire come canta mia zia Emma (specializzata, in verità, in canti religiosi).

Le canzoni napoletane sono state cantate da tutti i più grandi della storia della musica, da Frank Sinatra al grande Elvis. Sono state suonate dalle più famose e importanti orchestre del mondo. Senza voce o per accompagnare quelle dei tenori più amati e più potenti di ogni angolo della terra.

Questa è la canzone classica napoletana. Quindi, mettetevi l'animo in pace, e mi riferisco anche a noi

Napoletani Veraci, *'O sole mio*, *Reginella*, *Munasterio 'e Santa Chiara*, *Voce 'e notte*, *'E spingule francese*... sono state scritte e create da grandi poeti, da giovani sognatori romantici e malinconici. Non sono materia per dilettanti. Non tutti le possiamo cantare. Non diteci, per favore, che cantiamo bene solo perché siamo napoletani. Siamo onorati quando, in qualche ristorante, sentiamo le voci straziate dal vino di commensali stranieri che, adescati con arguzia quasi crudele dal posteggiatore di turno (il cantante con chitarra che lavora tra i tavoli), si lanciano nell'esecuzione corale dei nostri brani più famosi. Ma, vi prego, non dimentichiamoci che gran parte della musica leggera non solo italiana, così come gran parte dei cantautori degli anni Sessanta e Settanta che amiamo, devono tanto a quelle perle di creatività che hanno reso famosa nel mondo la cultura tutt'altro che folcloristica della nostra città.

La confessione: quando ascolto le canzoni napoletane eseguite da Sergio Bruni, forse perché ripenso a mio padre che lo ammirava profondamente, ammetto che mi commuovo. Mi piace, anche se oggi la modernità lo ha relegato al ruolo di cantante «di fronna», cioè quel cantante che canta facendo vibrare il labbro inferiore come una foglia, la «fronna» appunto, per dare al canto maggiore emotività. A me non piace quel modo di cantare così retorico. Ma non mi piace per come lo hanno eseguito i successori di Bruni. Questi ultimi, appunto, eseguono. Sergio Bruni l'aveva inventato. Lui ci metteva dentro una passione e una commozione personali irraggiungibili. Vi consiglio di ascoltare un suo classico strepitoso: *Carmela*. Solo Pino Daniele è riuscito negli anni successivi a donare alle parole e alle note delle sue canzoni quella rassegnazione amara e quasi maledetta che si nasconde dietro la dolcezza delle melodie della nostra tradizione.

I neomelodici

Un piccolo paragrafo, che peraltro decido di scrivere alle 2.35 del mattino perché non riesco a dormire e perché, forse, si presta, per una sua certa natura maledetta (nel senso della corrente poetica francese che faceva capo a Baudelaire) a essere relegato in spazi marginali dell'anima borghese.

E lo scrivo di notte anche per tentare di giustificare queste mie affermazioni che potrebbero apparire, a chi si intende di musica, alquanto sconce e fuori misura. Ma si sa che la "notte è piccola per noi, troppo piccolina..." come cantavano le magnifiche bionde dal nome tedesco, ma con l'ironia tutta italiana nelle serate a canale unico di mille anni fa.

E allora voglio paragonare questo fenomeno tipicamente napoletano, che si è poi espanso fino a toccare punte di vero e proprio fanatismo in tutte le regioni a sud di Napoli, alla poetica della purezza sottoproletaria dei ragazzi di strada descritti da Pasolini.

C'è molta più Napoli in quei brani, scritti al ritmo di un panificio che sforna pane fresco ogni mattina, che in tanta musica cosiddetta alta di un certo tipo di quei musicisti che, temendo il giudizio dei Probi Viri della veracità, si rifugiano nello stereotipo classico di cui ho scritto nel paragrafo precedente.

Sono canzoni che delimitano la propria area di riferimento al rapporto quasi di conoscenza privata. Gli autori, ce ne sono davvero tantissimi, di questi brani si riferiscono quasi esclusivamente alla loro vita privata. Non quella vera, ma quella che migliaia di ragazzi e ragazze perduti nelle notti fumate e bevute e al rombo di moto truccate sognano di vivere. Ci sono ragazzi che venderebbero la propria libertà in nome dell'onore, ragazzi che addirittura si immaginano in posa da gangster per poi sciogliersi di fronte allo sguardo sicuro e prepotente di una ragazza dagli occhi blu mare. E ci sono mogli che piangono il proprio marito morto in agguati di criminalità violenta, inni al coraggio e lotta alla infamità della paura.

Tutte queste canzoni appaiono e scompaiono nel giro di un giorno, qualcuna dura per sempre ma solo nel cuore di qualche fortunato che ha conosciuto personalmente il cantante o la cantante che l'hanno eseguita, in un bar, in un locale affollato di fumo e di urla, ai matrimoni di amici o parenti che smettono di ballare solo quando le note, tremanti, cominciano a esplorare territori emotivi che fanno finire in lacrime anche uomini dalle mani di pietra ma col cuore di una rondine che sparisce al primo freddo della vita. Si narra, addirittura, di cantanti che si sono esibiti nel cortile di qualche vecchio e fatiscente palazzo della periferia metropolitana.

Questo dei neomelodici è un fenomeno che qualcuno fa nascere dalla sapienza di Gigi D'Alessio, ragazzo di

Fuorigrotta con l'accento pieno di storia antica in una mente troppo aperta per lasciarsi rinchiudere in una prigione di suoni che, una volta inventati, invecchiano nel battito di una generazione. No, adesso non mi posso occupare di Gigi e del suo successo che ha travalicato i confini di Napoli. Non posso, sono troppo impegnato a giustificare me stesso, i miei dubbi, il mio desiderio di sognare la mia città come un patrimonio del mondo e come l'ennesima frustrante dimostrazione che persino la cultura può esercitare sugli esseri umani la peggiore delle dittature: quella della forza di gravità. Quella forza che ci impedisce di volare, di saltare più in alto, di balzare da un posto all'altro con leggerezza e allegria. Nei secoli ci siamo sforzati di avanzare col progresso della tecnica, di volare con aerei, addirittura ci facciamo spedire nello spazio pur di sfuggire all'attrazione prepotente della massa terrestre. Persino la religione ci ricorda che polvere eravamo e polvere ritorneremo. E allora viva la fantasia che ci permette una via di uscita. Viva la cultura quando resta immaginazione. Ma quando invece si trasforma in regola, in dogma addirittura, allora io preferisco ascoltare quei ragazzi e quelle ragazze, con le loro voci maleducate, con la loro emozione che sbava inquinando la tecnica, perché in quelle loro canzoni, costruite troppo in fretta, con l'urgenza di chi ha paura di una vita troppo breve, io ci trovo lo scintillio della Napoli vera: sicuramente da correggere ma, con altrettanta sicurezza, pure da abbracciare e accarezzare

La confessione: mi piace un verso che molti sicuramente conoscono in una di queste canzoni, un verso che a molti può sembrare ridicolo ma che invece nella sua semplicità contiene un gran numero di sentimenti. Lo urla un marito lasciato dalla moglie quando, al momento di dividersi le cose, con voce straziata dal dolore esprime a lei il suo unico e irrinunciabile desiderio: «Pigliate tutte cose ma damme 'o cane!»

In questo verso c'è il distacco dalla moglie che nasconde però un amore ancora presente, c'è il disinteresse per le cose materiali ma c'è, soprattutto, l'amore per l'unico essere degno della sua fiducia, il cane.

Signori, se questa non è passione allora io non capisco più niente e, vista l'ora, me ne vado a dormire.

Buonanotte.

La sceneggiata

Quando iniziai a praticare il teatro, nel 1975, ero molto giovane e come tutti i ragazzi della mia età, avevo una specie di fuoco sacro nell'affrontare quello che con troppa retorica veniva definito, in quegli anni colorati dalla politica militante, un lavoro per uomini che vogliono cambiare il mondo.

Poi, col tempo, si impara che la prima cosa da fare sarebbe quella di provare a migliorare se stessi. Intanto avevo la presunzione che hanno un po' tutti quelli che amano definirsi «addetti ai lavori» di fare scale di valori tra un tipo di teatro e l'altro, tra attori con l'aria da intellettuali e quelli, ritenuti molto più modesti, che amano salire in palcoscenico indipendentemente dal luogo in cui si trovano e dai compagni che li circondano.

Erano gli anni in cui ci si cominciò a distinguere, sulla scia delle ideologie, tra buoni e cattivi, tra responsabili e superficiali, tra progressisti e retrogradi. Tutte distinzioni che in ambito culturale non hanno alcun senso.

In cultura, come nell'arte, non ci sono persone che hanno un'etica e persone che non ne hanno. L'arte, purtroppo o per fortuna, è indipendente da queste categorie filosofiche. L'arte – il teatro, soprattutto – ha relazione con le categorie più naturali e istintive degli esseri umani. La tecnica teatrale ci consente di mettere in risalto il talento. Tutti abbiamo un talento. Diciamo che chiunque si avvicini al teatro o alle discipline artistiche in genere ce l'ha.

C'è poi una tecnica che non ha nulla a che vedere con le inclinazioni politiche o culturali o morali per mettere in risalto quel talento. Ma, prima di ogni altra cosa, occorre una sana e forte passione.

La passione è la massima espressione della democrazia perché nessuno la può frenare, nessuno la può negare, nessuno può incasellarla e usarla per dividere il mondo a fette secondo il capriccio di un certo numero di uomini.

Tutta questa noiosa premessa per dire che un giorno, all'improvviso, dopo aver già fatto esperienza nella grande compagnia di Eduardo, mentre ero in tournée con il figlio Luca, decidemmo di andare a vedere una compagnia napoletana che rappresentava una famosa sceneggiata. Lo facemmo per ricambiare il favore. Loro, tutta la compagnia, erano venuti a vederci qualche giorno prima e ricordo ancora l'impressione che mi fecero quando, finito lo spettacolo, ci aspettarono fuori dai camerini. Si erano messi tutti in fila con in testa il loro capocomico (tra poco vi dirò chi era) per salutarci con una educazione e una umiltà che mi fecero pensare alla sincera ammirazione. Ammirazione per quelli (come noi) che consideravano i veri attori. Loro no, loro erano (questo credo che pensassero di se stessi) i guitti, gli ignoranti, quelli che fino al dopoguerra venivano chiamati «scavalcamontagne».

Questa cosa mi colpì molto. Ne parlai anche a Luca. Lo aveva notato anche lui. Ridemmo del fatto che ci ritenessero così importanti. In fondo, nemmeno nella nostra compagnia c'era un fior fiore di intellettuali.

Anzi, eravamo attori in molti casi abbastanza grossolani dal punto di vista culturale. Però, agli occhi di quei colleghi impegnati nelle sceneggiate eravamo importanti perché mettevamo in scena Eduardo, colui che tutto il mondo, anche quello accademico, considerava il gigante del teatro di tutti i tempi.

E così, con queste sensazioni, entrai al teatro Alfieri di Torino. La sceneggiata era *'O zappatore*, con protagonista Mario Merola. Ebbene, posso dire che quella sera mi ha cambiato. Ha cambiato il mio modo di pensare, chiuso e arrogante. Vidi un attore superbo, alle prese con sentimenti come la famiglia, il tradimento delle proprie origini, la differenza di classe (il padre è un contadino e il figlio, una volta divenuto avvocato, rinnega le sue radici).

Altro che attori rinchiusi in una tela di pregiudizi, convinti della propria grandezza e della propria banale recitazione. Quella sera vidi un uomo che passava dalle parole al canto con la stessa naturalezza con cui poco dopo, a cena, ci avrebbe decantato la qualità del cibo che il ristoratore, suo amico, ci aveva offerto.

Quella sera ebbi la prova che non era solo il mio amatissimo Eduardo a fare grande l'immagine di Napoli, ma erano anche la crudezza, la perfetta misura scenica, la passione di quell'uomo, Merola, che mi si rivelò come un grande artista, anche se i Probi Viri dell'etica culturale (me compreso) lo consideravano un degno rappresentante della grande scuola della Commedia dell'Arte (intendendo con questa definizione, solo all'apparenza degna, che fosse un attore poco più che filodrammatico).

La confessione. Shakespeare mi perdoni, ma il mio sogno è quello di fare, un giorno, l'*Otello* in forma di sceneggiata. Una sceneggiata sulla gelosia. Con un trittico perfetto per l'intreccio più classico: «Isso, Essa e 'O Malamente». Otello, Desdemona e Cassio. Anche se Cassio non è il vero colpevole, non è lui il vero 'O Malamente. C'è il grande Iago per questo, con la sua naturale cattiveria. Almeno così ce lo dipinge l'autore.

Ma se invece Iago fosse invidioso di Otello perché è segretamente innamorato di Desdemona? O se Iago odiasse Otello semplicemente perché, nonostante la pelle nera, era riuscito a diventare Doge di Venezia...?

Insomma, che grande sceneggiata! Ve lo immaginate il pubblico che fa il tifo, ve lo immaginate come sarebbero contenti i napoletani se una nostra tradizione teatrale venisse messa al servizio del più grande teatrante di tutti i tempi?

Totò, Eduardo, Troisi e… Benedetto Croce

Noi siamo la città di Totò, Eduardo, Troisi e di Benedetto Croce. Questa è una frase che sento ripetere spesso (fino a qualche anno fa di più, perché poi le generazioni dimenticano chi ha fatto grande la nostra storia negli anni passati). Soprattutto viene tirata in ballo ogni volta che qualcuno accusa Napoli di essere una città più simile a una di quelle metropoli da film dell'orrore, dove sembra che non valga alcuna regola degna di una società civile, che a una città normale, amministrata e vissuta da cittadini che ogni giorno devono riuscire a concludere la giornata scandita dai ritmi del lavoro, della famiglia, della collettività.

Ecco, ve lo dico subito, non mi piace dover rendere dignitosa la mia Napoletanità facendo l'elenco di tutti quelli che nel tempo hanno dato prova della superiorità della nostra «specie» o che, quantomeno, si sono dimostrati superiori a come spesso ci dipingono.

Io sono orgoglioso di essere napoletano (se posso dirmi tale, alla fine lo giudicherete voi lettori) non perché in passato alcune donne e alcuni uomini che possiamo definire «napoletani DOC» si sono distinti per i loro meriti artistici e culturali, ma perché credo che ogni cittadino debba essere orgoglioso del luogo in cui è nato senza per questo pensare che quel luogo in cui, almeno per lui, ha avuto la fortuna di nascere sia più lodevole di altri. Io non voglio rivendicare i meriti della storia passata della mia città per dimostrare di avere gli stessi diritti di chi è nato a Palermo o a Milano.

Anche perché, bisogna che qualcuno lo ricordi, Troisi era di San Giorgio a Cremano: era un provinciale, come me che sono di Bacoli, ma con molta più intelligenza di me racchiuse in una battuta del suo primo film tutta la voglia di chi è nato in una città bella come la nostra di non sentirsi prigioniero di un'identità culturale troppo stretta. Nel film il protagonista, interpretato magnificamente da Massimo, si trovava in vacanza a Firenze e a chi gli chiedeva da dove venisse, rispondeva: «Da Napoli», al che, immancabilmente, l'interlocutore aggiungeva: «Ah, emigrante?» Come se un napoletano non potesse mai essere un cittadino normale e dovesse anzi essere sempre schiavo di un'identità fondata più sui luoghi comuni che sulla vita reale.

Del resto, anche quando ci appelliamo a Croce come grande predecessore della identità napoletana, bisognerebbe ricordare che Croce è nato a Pescasseroli. A Pescasseroli, in provincia dell'Aquila! Certo, poi ha vissuto alcuni anni della sua infanzia e della sua adolescenza a Napoli, ma ha studiato anche, e molto, alla Sapienza di Roma.

Eduardo invece a Napoli c'era nato: era figlio della relazione adulterina tra Luisa De Filippo e l'immenso Eduardo Scarpetta. Lui e i fratelli Peppino e Titina, tutti e tre famosi e grandi attori, portavano il cognome della mamma, perché Scarpetta non li volle riconoscere – anche perché, pensate un po', la madre, Luisa De Filippo, era la nipote di Rosa De Filippo, moglie dello stesso Scarpetta! Che pasticcio!

Una breve parentesi su Eduardo Scarpetta, inventore e rivisitatore della *pochade* di origine francese è a questo punto doverosa. Pare che Scarpetta, capostipite di una grande famiglia di cui c'è ancora qualche discendente, avesse una naturale e sorprendente capacità di prolificare. Si dice che avesse figli in tutta Napoli con uno svariato numero di donne (tra le quali Luisa de Filippo, per l'appunto) che nemmeno Sganarello nel Don Giovanni mozartiano avrebbe potuto elencare con completezza di dati.

Colpito a sua volta dal tradimento della moglie (si diceva con il re Vittorio Emanuele II, addirittura!), una sera, mentre era in scena in una delle sue irresistibili farse, pare che sia stato apostrofato come «cornuto» a gran voce da qualche maleducato spettatore (forse un marito cornificato e invidioso).

«Scarpe', tiene 'e ccorne!» gli aveva urlato dalla sala, provocando un gran coro di risate. Pare che tutti a Napoli sapessero del suo vizio impenitente. Per cui, tutti furono felici di sentire che, per una volta, era lui la vittima del tradimento della moglie. Allora Scarpetta, con calma serafica, fermò lo spettacolo e, affacciandosi al proscenio, rivolse lo sguardo verso l'alto, nel loggione dove tra mille teste sorridenti si nascondeva certo anche quella dell'accusatore e gli disse, a voce alta, affinché tutto il pubblico potesse ascoltare: «Sì, ma 'e mie, so' ccorna reali!»

Ecco, ho voluto raccontare questo episodio perché mi piacerebbe che, quando ci vantiamo di chi è stato grande nel passato, ci ricordassimo anche di uno come lui, come Scarpetta. Perché, oltre ad averci regalato dei veri e propri capolavori della comicità (*Miseria e nobiltà*, il più noto al grande pubblico), ha lasciato un'eredità che davvero può fare la differenza tra le persone: non una distinzione di nascita ma di intelligenza, l'intelligenza di saper interpretare al meglio la vita. I napoletani come Eduardo Scarpetta hanno fatto dono a tutti noi, a prescindere da dove siamo nati e cresciuti, di un capitale che non bisogna corrodere con l'usura del tempo e la mediocrità dell'autocelebrazione. Questo tesoro si chiama ironia. E chi non credesse che sto dicendo la verità, può recarsi a Napoli, al Vomero e farsi indicare la casa dove è vissuto e morto Eduardo Scarpetta. Leggerà sul frontespizio l'avvertimento che vi aveva fatto scolpire lo stesso Scarpetta e che recita semplicemente così: «Qui rido io!»

E quindi è il caso di concludere questo paragrafo sulla genialità degli artisti napoletani con Totò, degno erede e prosecutore del messaggio scarpettiano. A chi si fa vanto di lui, però, per sostenere la superiorità della cultura partenopea, a chi si fa forte della scelta di restare a vivere a Napoli, bollando di tradimento tutti coloro che a Napoli non vivono, voglio ricordare che Totò è morto in un bellissimo appartamento dei Parioli a Roma, ma non per questo aveva dimenticato lo splendido quartiere dove era nato, il famoso quartiere della Sanità.

La confessione. Ho una casa a Napoli (in affitto), dove vivo per gran parte del tempo quando lavoro. Il lavoro, infatti, mi porta in giro per l'Italia così sono spessissimo ospite (pagante, ovviamente) di alberghi e ristoranti. Ho anche una casa a Roma! No, non temete, anche questa in affitto. Ma, ahimè, anni fa (non so perché lo abbia fatto, chiedo perdono ai cultori e ai difensori della «patria Napoletanità», ma il posto mi piaceva tantissimo, ci lavoro bene soprattutto in fase di scrittura), ho comprato una casa in un paesino della Toscana. E… non so proprio come dirvelo… perdonatemi… ho preso la residenza là!

Mamma mia, come è stato difficile… ma, adesso che ho confessato, mi sento più leggero. Spero che questa confessione non mi abbassi troppo il punteggio di Vero Uomo Napoletano.

Ma annuncio che al più presto sposterò la mia residenza a Napoli. Pecché io songo 'e Napule, frate'! Io nun m'aggia mai scurdato 'e Napule e 'a porto dint'o core!

'A livella

Come avevo promesso, dedico un capitolo a parte alla poesia più famosa e più amata dai Napoletani Veraci: *'A livella* di Totò. Ci tengo a farlo innanzitutto perché nel capitolo precedente non ho potuto riservare al principe della risata, Antonio de Curtis detto Totò, lo spazio che merita. E poi anche perché questa parte sarà tutta dedicata alla confessione del mio peccato di lesa Napoletanità in merito alla poesia dedicata ai defunti.

Ricorderete senz'altro l'attacco:

Ogn'anno, il due novembre, c'è l'usanza
per i defunti di andare al cimitero.
Ognuno ll'adda fa' chesta crianza,
ognuno adda tene' chistu pensiero.

E la conclusione:

Sti ppagliacciate 'e fanno sule 'e vive:
nuje simme serie, appartenimmo a' morte!

Insomma, è la storia di una rivalsa sociale (che si riallaccia al discorso della sceneggiata di cui ho scritto sopra) attraverso il racconto di un visitatore al cimitero che assiste alla disputa sul posizionamento dei loculi tra un marchese e un netturbino: il marchese pretende l'allontanamento del netturbino dalla nobile zona in cui è sepolto.

Ogni napoletano che si rispetti deve conoscere questa poesia, pena l'esclusione dal club. Tutti la sanno a memoria e tutti sono pronti a recitarla davanti a un pubblico commosso di parenti, amici, ospiti. In ogni contesto si può chiedere a un napoletano vero di citarla e il napoletano che voglia definirsi tale non deve mai farsi trovare impreparato.

Un po' come al simpaticone di turno si chiede di intrattenere gli ospiti, sazi di cibo e di vino, con una bella dose di barzellette. Il simpaticone in questione di solito viene scelto dai padroni di casa proprio per questo motivo. Invece quando c'è una cena cosiddetta «seria» viene quasi sempre tenuto all'oscuro.

Io sono stato accusato di scarsa Napoletanità da un Probo Viro del web perché, durante una puntata domenicale nel salotto di Fazio, diedi prova di non conoscere a memoria la famosa e amata poesia.

A questo esaminatore severo provo a rispondere adesso. A suo tempo, cioè quando era accaduto il «fattaccio», lo avevo fatto sostenendo che, avvalendomi dell'ironia del personaggio che interpretavo in trasmissione (la vittima designata del conduttore, il finto inconsapevole eccetera...), avevo finto di non conoscere la poesia a memoria. Ebbene, devo adesso, in questa sede che ho scelto per appellarmi al vostro giudizio, confessare che davvero io *'A livella* non la conosco affatto a memoria. Come non conosco nessuna poesia, nemmeno quelle dell'infinito Leopardi o del crudo Montale.

Vi sembrerà strano ma io, anche se faccio l'attore, non riesco a memorizzare le poesie. Anche per imparare i ruoli che devo interpretare uso un sistema analogico (ma non voglio tediarvi con un approfondimento sulla tecnica che uso per andare in palcoscenico), che è tutt'altra cosa da quello mnemonico.

Se voi cultori della Napoletanità ritenete che questa mia «malformazione» mi tolga punti dalla patente di napoletano, allora vi chiedo solo di essere indulgenti e di credermi se vi dico che molti sedicenti napoletani si servono di *'A livella* per salire di grado nella vostra considerazione, ma in realtà non sono davvero innamorati di Totò. Perché, se davvero lo fossero, capirebbero che quella poesia, sicuramente toccante, sicuramente commovente (solo se recitata alla perfezione e non a memoria, però), non rappresenta il vero genio del nostro artista.

Totò è il capostipite di una lunga serie di generazioni di comici. E non solo napoletani. Tutti quelli che hanno provato a far ridere il pubblico dal secondo dopoguerra in poi devono qualcosa al Principe. E non parlo soltanto dei napoletani. Persino Gaber è in debito con Totò per quella forma allungata del viso che tendeva a distorcere un po' per farsi beffe dei dogmi. Persino il grande umorista e narratore di barzellette (il più grande di tutti i tempi, forse, insieme a Bramieri) Carlo Dapporto atteggiava il corpo e le spalle copiando inconsapevolmente Antonio De Curtis. Gli devono tantissimo Cochi e Renato, Boldi e De Sica. Gli deve tanto Zalone non per la somiglianza, ma per il coraggio di scompaginare i luoghi comuni. E gli doveva tanto il suo vero erede, il grande Paolo Villaggio.

Vi confesso che, anche se non conosco *'A livella* a memoria, ho ammirato e ammiro Totò per la sua forza e il suo linguaggio, del corpo e del suono vocale. Per i suoi neologismi che hanno uguagliato, se non superato, il teatro dell'assurdo. Forse più di tutto ho adorato Totò accanto a Fabrizi: perché Fabrizi è stato l'attore più grande di tutti i tempi e recitava accanto a lui senza superbia e senza prenderne le distanze (ma non voglio nemmeno dimenticare l'irresistibile prova di Nino Taranto ne *Il monaco di Monza*: sono insieme sublimi in quel film…)

Amo Totò perché era amato dal popolo e forse amo *'A livella* non solo perché è una poesia che mi piace ma anche perché apprezzo l'atto d'amore di un uomo che, consapevole del proprio genio, ha voluto dedicare alla sua gente un sogno: quello di una seconda possibilità.

A chi, in vita, non è riuscito a vivere come avrebbe, di diritto, voluto vivere.

Pulcinella

Quello dell'attore è uno strano mestiere. Già chiamarlo così, «mestiere», mi sembra sbagliato. Perché è una forma d'arte e come tale non dovrebbe mai diventare un lavoro, ma restare piuttosto nell'ambito delle attività spirituali che hanno poco da spartire con quelle materiali.

Ma, d'altra parte, si esercita il lavoro dell'attore anche per guadagnarsi da vivere e quindi diventa inevitabile chiamarlo così. E allora, devo fare una considerazione che ho constatato sin dall'inizio della mia carriera. L'attore (almeno per quanto riguarda la mia esperienza personale, non ho pretese statistiche) è in assoluto la persona che più di tutti nella vita si chiede se sia più o meno adatto a fare quello che ha sempre sognato di fare: salire su un palcoscenico. Forse dipende dal senso di colpa di chi, come me, fa questo lavoro senza aver superato degli esami, senza aver frequentato l'Accademia di Arte drammatica o del Centro di cinematografia.

Forse chi esce da questi prestigiosi istituti sente di aver superato il dilemma che corrode ogni attore e ogni attrice, se sia giusto guadagnare divertendosi. Non entro nella discussione sul significato della parola divertimento, perché rischierei di fuorviare il lettore. Dico solo che lavorare in teatro, al cinema, in televisione, al doppiaggio o in qualsiasi reparto tecnico che ha a che vedere con la produzione di un'opera, richiede disciplina e pazienza, quindi ci si stanca. Divertendosi, ci si stanca.

Come ci si stanca in qualsiasi lavoro si faccia con impegno. Ci si stanca di una stanchezza sana, non colma di rimpianti e di rancori. Rimpianti e rancori che hanno tutti quelli che scelgono o sono costretti a scegliere una vita che non gli piace. Tutti quelli che non possono o hanno paura di seguire la propria naturale inclinazione. Il mestiere dell'attore a costoro può sembrare il mestiere più facile, soprattutto a Napoli.

Una cosa che mi dà molto fastidio è l'etichetta di attore napoletano. Voglio subito tranquillizzare i Probi Viri. Non mi offende la definizione di napoletano. Mi irrita l'accostamento tra la mia qualifica e il mio luogo di nascita. Per due motivi principali. Il primo è sempre figlio di una certa idea in odore di razzismo che gli attori napoletani sono troppo particolari, troppo riconoscibili, poco inclini alla «misura», alla disciplina, troppo ingombranti e quindi poco utilizzabili in ambito nazionale. Infatti, io che giro l'Italia con le mie tournée, quando faccio un film o vado in tv, mi devo sempre scontrare con il pregiudizio della Napoletanità: «Eh, ma Salemme come lo facciamo uscire a Milano, in Veneto, in Piemonte...?!» Non si capisce perché da Napoli in giù mi dovrebbero accogliere a braccia aperte e da Napoli in su invece no!

Il secondo è che mi crea disagio quando nelle presentazioni mi definiscono non solo attore, non solo attore napoletano, bensì attore, comico e pure napoletano! Ce le mettono sempre tutte. Come se essere napoletano mi costringesse a essere per forza anche comico. E come se per un napoletano essere attore ed essere comico fosse una cosa naturale, quindi più semplice che per altri.

E questo ovviamente sminuisce il lavoro che bisogna fare per convincere il pubblico a comprare un biglietto e divertirsi alle battute che ti sforzi di trovare e di dire nel modo più giusto. Un po' come dire che per i neri è più facile ballare.

Devo dire che anche noi napoletani – non gli attori, i napoletani in generale – contribuiamo ad alimentare questo fastidioso luogo comune. Quante volte, per strada, mi sento dire: «Sale', vieni a casa mia e te faccio vede' che teatro che facimme!» O, quante volte mi capita di incontrare ragazzi e ragazze, ma persino adulti, che mi dicono: «Pure io faccio teatro».

«Ah, sì…?» gli rispondo. «E in che compagnia stai?» aggiungo.

«Con mio padre, lui lo fa da tanti anni, è un capotreno».

«Fa il personaggio del capotreno?» chiedo ingenuamente.

«No, è proprio un capotreno e mia mamma fa i costumi. Io sono la prima attrice. Perché non ci vieni a vedere? Facciamo lo spettacolo nel teatrino tal dei tali…»

«Quando?»

«Tra otto mesi».

«Otto mesi!?!?»

«Eh sì, perché noi possiamo provare solo tre volte al mese...»

I filodrammatici, cioè tutti coloro che, appassionati di teatro, si divertono a recitare (e fanno benissimo a farlo), non sono necessariamente bravi attori solo perché sono napoletani. I filodrammatici esistono dappertutto, non solo a Napoli. Ma la leggenda vuole che, se sono napoletani, per forza di cose fanno ridere, sono forti, naturalmente bravi.

Difendiamo il nostro diritto di attori ad essere giudicati per merito e non per il nostro luogo di nascita. Come gli altri.

Ma torniamo alla domanda che si pone ogni attore agli inizi della propria carriera, e cioè se siamo o meno adatti a fare questo mestiere che ci piace tanto. Io personalmente ho trovato la risposta in un sogno da cui mi sono svegliato con la gioia di aver ricevuto un suggerimento.

In quel periodo avevo deciso di lasciare la compagnia di Luca De Filippo per intraprendere una carriera, come si diceva allora, di capocomico, e questo sogno mi ha rivelato cosa cercavo in questo mestiere.

Nel sogno vedevo, guardandolo dall'alto, un pavimento tutto bianco, candido come il latte e liscio. All'improvviso, su questo pavimento, partendo da un puntino, che mi sembrava nero, nerissimo, si allargava a macchia d'olio un lago di sangue rosso vermiglio che copriva tutta la superficie. Questa macchia di sangue impressionante si allargava e si apriva, forandosi al centro e lasciando di nuovo scoperto un pezzo di pavimento bianco. Poi, in un movimento fluido, salendo verso l'alto, dal basso, con un effetto che ho visto poi nel film *Terminator 2*, da tutto questo liquido rosso che si mescolava con il bianco emergeva uno splendido Pulcinella, con tanto di cuppolone bianco e maschera nera, dietro la quale rivedevo me stesso!

Ecco, con quel sogno avevo capito cosa mi piaceva del teatro: mi piaceva tutto ciò che rappresenta, per i teatranti e per i napoletani, una maschera come quella di Pulcinella.

Avevo capito che fare l'attore è la strada verso la libertà: la libertà di essere tutto e il contrario di tutto, senza che nessuno possa giudicare se sei un assassino o una brava persona. L'attore è libero di rappresentare al mondo, così come faceva Pulcinella, tutti i colori dell'animo umano, senza temere di essere confuso con essi.

Viviamo una vita costretti a essere continuamente ciò che gli altri vogliono che siamo. Spesso senza gioia, senza riconoscimenti, spesso dimenticati.

Il teatro, come Pulcinella, ti regala una maschera dietro la quale puoi nascondere in piena libertà il regalo più bello che ci ha fatto Madre Natura: il mistero sottile dell'ambiguità.

La confessione, ma stavolta è una confessione all'incontrario. Una volta mi hanno offerto, e ho accettato volentieri, di curare la regia della *Vedova allegra* affiancando la meravigliosa direzione musicale del maestro Daniel Oren.

Ebbene, come mi avevano chiesto, ne feci un mio libero adattamento spostando la vicenda dal Montenegro a Pozzuoli. Con tanto di limoneti e Vesuvio sullo sfondo. Ma quello che forse fece infuriare i Probi Viri dell'opera lirica, oltre all'enorme successo di pubblico, fu la mia trasformazione del personaggio di Njegus in… Pulcinella.

Orgogliosamente napoletano.

Il Vesuvio

Da Pulcinella al Vesuvio il passo mi sembra naturale, forse perché mi è capitato di vedere un quadro di un pittore moderno che ha rappresentato il Pulcino dalla maschera nera mentre veniva quasi espulso, vomitato, concepito dal vulcano che, nel quadro, appariva come la gorgiera della maschera napoletana.

Eppure io, se dovessi dare al Vesuvio forma umana, lo immaginerei come una donna.

L'accostamento al maschile potrebbe sembrare più consono alle caratteristiche di pericolosità del nostro vulcano, uno dei due in Europa continentale ancora attivi. La sua minacciosità lo rende simile a un padre padrone che esercita la sua autorità sulla città figlia. Eppure è amatissimo dai napoletani. E anche in questo caso non puoi dirti napoletano se non ami il Vesuvio. Quanti fruttivendoli e verdurai mi hanno incantato (e ingannato) spacciandomi i loro prodotti come se provenissero dalle sue pendici o dalle sue alture. In un dialetto infarcito da termini bio mi sono sentito sciorinare: «...Sono pummarulelle cresciute sotto 'o Vesuvio, co' viente che scioscia sotto 'e venti gradi... s'ammesca cu a'a rena che saglie 'a sotto Ercolano...

Ma 'ssaggia pure 'sti percoche senza pesticidi… niente oggiemme… Tenene 'a scorza accarezzate dalla salsedine… E i puparuncielle d'o ciumme?»

«I peperoncini d'o ciumme* sotto al Vesuvio?» chiedo io.

«Eh, sì… pecché il Gargano scorrendo attraverso il terreno di pietre pommece…» e via con una lunga spiegazione astrusa e quasi surreale, senza alcun fondamento scientifico o geografico, solo per potermi chiedere una cifra più adatta a un prodotto di oreficeria che a un regalo di Madre Natura.

Una volta, un venditore mi ha venduto delle melanzane e per descrivermi le loro qualità è arrivato a fare accenni persino alla storia degli Etruschi!!! E per quattro melanzane (a Napoli diciamo «melenzane») mi chiese nove euro!

Alle mie timidissime proteste rispose, per dimostrarmi la sua generosità: «Però non ti ho messo il basilico». Io pensavo si riferisse al conto, che non mi avesse fatto pagare il basilico e, invece, non me lo aveva proprio messo nella busta!

Quando raccontavo a mia madre che spesso, a causa della mia professione che mi aveva reso più famoso e più ricco, i venditori mi chiedevano di più rispetto agli altri, lei candidamente rispondeva: «Eh vabbè, fanno bene,

---

* Letteralmente "i peperoncini di fiume", cioè quelli verdi, piccolini, che si trovano davvero solo nel Napoletano e che, nel resto d'Italia, sono conosciuti come «frigidelli», ma sono molto più grossi e hanno una consistenza molto più spessa. (*N.d.A.*)

meglio a te che a qualche poverino!»

Ecco, le mamme napoletane somigliano al Vesuvio. Forse meriterebbero un paragrafo a parte, ma ho pensato che ci stanno benissimo in questo perché, ripeto, l'atteggiamento del Vesuvio è molto simile a quello che, generalizzando, si può riscontrare in una mamma napoletana. Innanzitutto perché è il Vesuvio che ci rappresenta nel mondo, come fa una mamma per la sua famiglia. Quando vai a far visita a casa d'altri è con la donna, con la mamma, con la padrona della stessa casa che hai il primo contatto, è a lei che chiedi come vanno le cose, è lei che ti racconta le storie di famiglia. Da noi, a Napoli e provincia, gli uomini contano molto poco nei rapporti col resto della comunità. Sono le mamme a guidare i figli, a controllare le economie di casa, a incidere sulla vita della famiglia.

I maschi, da noi (non parlo ovviamente dei casi estremi, tragici, violenti), sono un *topos* della psichiatria ufficiale: gli eterni bambini. Come i bambini, sono illusi di contare qualcosa protetti dall'atteggiamento indulgente e comprensivo delle mogli. La moglie napoletana guarda il marito come si guarda con affetto a un «simpatico imbecillone»!

Mio padre era un uomo dolcissimo, un avvocato di belle speranze, ma due infarti in giovanissima età e un ictus a cinquantuno anni (età che lo faceva apparire molto anziano a me che ne avevo meno di venti) lo costrinsero a un prepensionamento.

Continuò a fare l'avvocato, ma la ferita inferta al sistema neurologico da quel lungo arresto della circolazione sanguigna gli impediva di coordinare al meglio i movimenti. Erano intatte l'intelligenza e la volontà e, direi, l'ottimismo tipico dei maschi, ma il corpo non rispondeva di conseguenza.

E ricordo l'atteggiamento di mia madre che riusciva a fingere che fosse tutto uguale a prima, quando mio padre aveva tanti clienti e facevamo una bellissima vita.

I soldi pian piano finirono, ma mio padre se ne andò in un mattino di marzo proprio davanti alla pretura dove si era recato per continuare a «giocare» all'avvocato. In qualche modo era morto felice e convinto di essere stato, fino all'ultimo, lo stesso uomo che da ragazzo faceva chilometri a piedi per andare da Miseno a Baia, dove prendeva un autobus che lo avrebbe portato a Napoli per laurearsi a pieni voti.

Era brillante, ma un po' pauroso e, quando tentò di aprire uno studio a Napoli, mia madre lo scoraggiò perché lei conosceva bene la fragilità che si nascondeva nella dolcezza del marito e sapeva che, se lo avesse sostenuto nella scelta di trasferirsi a Napoli, lo avrebbe destinato a un fallimento sicuro.

Io so che fu lei a decidere, anche se ero troppo piccolo all'epoca, ma ancora oggi mi chiedo se sarebbe stato meglio per papà tentare il passo più lungo della gamba o andarsene, come è successo, convinto (sarebbe meglio dire illuso) che la scelta di non seguire la sua ambizione sia stata dettata dall'amore per Tilde, che avrebbe sofferto a lasciare una dimensione più adatta a lei come quella del nostro piccolo paese.

Tutta questa storia l'ho raccontata per cercare di

dimostrare con un esempio quanto siamo affezionati al Vesuvio. Noi lo amiamo e lo temiamo. Si ricorda sempre la sua eruzione più famosa, quella che sommerse Pompei sotto le ceneri e i lapilli, ma allo stesso tempo rese la città celebre in eterno. Il dilemma di chi adesso vive grazie alla curiosità e all'ammirazione di tantissimi turisti che vengono a visitare Pompei è appunto questo: «Ma nel 79 dopo Cristo lo fece apposta per farci diventare così importanti?»

Molte mamme napoletane hanno questo stesso atteggiamento verso i propri figli. Agiscono segretamente, senza condividere né le ragioni né lo scopo delle loro azioni educative. Sapeste quante di loro vengono a teatro portandomi i figli e proponendomeli come attori! Tantissime. Sono così sicure di raccomandarmi il ragazzo e la ragazza giusti...

A tutte loro devo dire una cosa: sbagliate. Lasciate ai vostri figli la libertà di sbagliare. Lasciate ai vostri figli la libertà di fallire. Lasciate che vi disapprovino. Devono fare la loro strada e, come tutte le strade, potrebbe essere piena di insidie. O magari una bella strada liscia. Ma non toglietegli il piacere di scoprirlo, non toglietegli la soddisfazione del traguardo raggiunto!

Il Vesuvio è una mamma che non raccomanda. È una mamma che, a differenza di tante madri napoletane, non nasconde la sua minacciosità, anzi. Ci obbliga a scegliere se restare o scappare di fronte alla sua furia. Il Vesuvio ci insegna a sperimentare nuove strade, a portare il nostro nome nel mondo. Il Vesuvio si fa guardare dal golfo di Napoli, ma allo stesso tempo, non per tradirci, ma per ricordarci che siamo tutti suoi figli, si lascia ammirare e temere anche dall'altro lato della striscia di terra e di mare che finisce sotto l'amministrazione di un golfo altrettanto bello, quello di Salerno.

Il Vesuvio è una mamma moderna. Le nostre mamme affidano ai poveri mariti il compito ingrato di mettere in punizione i figli, di rimproverarli. Gli affidano il compito di dare ordini per scaricare sulle loro spalle il peso dell'antipatia dei figli puniti.

Il Vesuvio no: si assume le sue responsabilità. Si mostra in tutta la sua bellezza e mette il monte Somma alle spalle, come fosse un marito che non conta nulla, ma che in foto fa comunque la sua figura.

La confessione. Non sono mai salito in gita al Vesuvio. Mi piacerebbe tanto ma, lo confesso, non l'ho mai fatto.

Il mare e Mergellina

Se dici Mergellina, dici immancabilmente Napoli. Non per l'ovvio motivo che il piccolo molo ombreggiato dalla morbida collina di Posillipo si trova a Napoli, ma perché credo che Mergellina sia famosa in tutto il mondo in modo autonomo dalla città. È una piccola repubblica a sé stante.

Un napoletano si dà appuntamento a Posillipo, a Chiaia, a via Roma, al Vomero, a San Domenico Maggiore, ma difficilmente a Mergellina. A meno che non dica da Ciro a Mergellina, agli chalet di Mergellina, al porto di Mergellina. Proprio come se Mergellina avesse una vita propria, indipendente dal resto della città.

Perché?

Io credo dipenda dal mare. Il mare che non si può dire da quale sponda parta e su quale sponda vada a finire la sua corsa. Il mare non si può chiudere da nessuna parte, altrimenti sarebbe un lago. E questo senso di infinito regala a Mergellina una sorta di internazionalità che non tutti i luoghi hanno. Ci sono siti archeologici e culturali a Napoli che sono di livello potrei dire planetario, ma ognuno di essi ha una forte riconoscibilità e una identità napoletane.

Mergellina è assolutamente napoletana, ma al tempo stesso internazionale.

Arrivano i personaggi più ricchi e famosi del mondo a Mergellina con barche che farebbero impallidire anche le coste più rinomate e nessuno ne parla, nessuno ci fa caso. E, soprattutto, a nessuno di quei ricchi Paperoni succede mai nulla che possano raccontare alla cronaca nera.

Ecco, per me, Mergellina rappresenta il mare. E mi piace parlare del mare napoletano perché, forse educato da mamma Vesuvio, ha imparato a parlare la lingua universale della discrezione. In una città spesso descritta come urlata e caciarona, il mare si distingue per la sua calma. Una calma che, proprio come per il Vesuvio, è solo apparente, perché da un momento all'altro può ricordarti che, se il colore della nostra città è così pieno di contrasti cromatici, lo dobbiamo a lui. A lui che fa da specchio ai colori della terra, del cielo e dei fondali per restituirceli con le tonalità tenui dei pastelli ma che, quando gli gira storto, li rende vividi e scuriti dalla paura.

Mi ricordo di un pescatore del mio paese che redarguiva alcuni bagnanti perché con troppa leggerezza avevano osato affrontare il mare, rischiando di finire in mezzo a una pericolosa e improvvisa tempesta.

Si lamentavano: «Ma com'è possibile? Era così calmo!»

«E vuje che ve crediveve che 'o mare era un'automobile!?»

Il mare non lo possiamo controllare come fosse una vasca da bagno né un mezzo meccanico. Perciò mi fanno ridere quelli che si meravigliano se un napoletano magari non sa nuotare o remare o se non è avvezzo all'acqua.

Il mare non è Napoli e Napoli non è il mare. Le due cose sono indipendenti l'una dall'altra.

Chi vive sulle Dolomiti, per scendere a valle, deve imparare per forza a sciare, ma chi vive a Napoli, se vuole spostarsi, può farlo anche senza galleggiare o correre sull'acqua. Il mare non ci costringe ad attraversarlo, piuttosto ci invita a farlo. Ma con prudenza, senza troppa spavalderia, perché sempre ci ricorda che non è una piscina e, se ci si allontana troppo, ci si ritrova soli a fare i conti col fatto che non siamo, noi uomini, i padroni della Terra.

Perciò, vorrei proporre ai Probi Viri delle nostre radici etnologiche di eliminare dalla lista delle caratteristiche necessarie a riconoscere un napoletano vero il più o meno naturale rapporto con l'acqua di mare. Cancelliamole queste inevitabili frasi fatte sul mare.

«Sei napoletano e non sai nuotare?! Ma come è possibile? Allora non sei un vero napoletano».

Hai voglia a spiegargli che magari hai una vera e propria fobia per l'acqua, oppure che soffri il freddo. Ci sono persone che non riescono proprio a stare a galla se non usano i braccioli. Ma si può costringere un adulto che ha superato i quaranta, cinquant'anni a nuotare tra le persone usando i braccioli? È inevitabile che si vergogni. Non può fare sempre finta di essere un tedesco per giustificare la sua incapacità di nuotare! Ma perché poi un tedesco ce l'avrebbe il diritto di nuotare con i braccioli e un napoletano no?

«Perché», mi si dice, «il tedesco il mare non lo vede nemmeno col cannocchiale».

E perché, uno che abita nell'entroterra napoletano lo vede forse il mare? Ma è mai possibile che bisogna portarsi dietro il certificato di residenza per giustificarci se non sappiamo nuotare?

Per non parlare delle altre cose che ci rinfacciano. Il mare nei luoghi comuni che lo legano automaticamente alla Napoletanità e pure il sole. Posso chiedere la cortesia di non trattarmi come un povero disgraziato che «...chissà che guaio ha passato, puveriello...» solo perché non sono abbronzato? Oltretutto, non si parla di un'abbronzatura normale. Qui a Napoli, se non vuoi essere messo in croce dal pubblico ludibrio, devi diventare nero come il carbone, passare per almeno una bruciatura con relativa spellatura... dell'intero corpo. Che già sto inguaiato da anni di abbronzature incontrollate, ci manca solo la scottatura alla mia età.

Cari Probi Viri, vi prego di considerare che spesso, se a luglio inoltrato sono ancora un po' pallido, magari è perché sto girando un film, e quando si gira un film non si può prendere il sole, altrimenti, quando gli spettatori vanno a vederlo in sala, fanno confusione tra tutti i livelli cromatici della mia pelle.

Se non mi abbronzo non è perché non mi piace il mare né perché mi vergogno a farmi vedere coi braccioli. So nuotare da quando avevo cinque anni. So portare una barca a remi da quando ne avevo quattro! Sono cresciuto facendo almeno cento bagni all'anno. Ma adesso non accade più, perché ho un lavoro e un'età che me lo impediscono. Ma sono felice lo stesso e «nun so' 'nu puveriello che sta bbianco bbianco pecché chissà che ha passato!»

Una volta ho scritto una frase su Napoli che si adatta bene a questo paragrafo e che forse rende al meglio il rapporto molto stretto che ho col mare.

Diceva così:

> Napoli è Francia, è Spagna, è Grecia, è una cacofonia armoniosa di suoni e voci di paura, è nobiltà barbona, ricchezza polverosa, astuzia senza luce. Non la capisco Napoli, la perdo tutti i giorni e la ritrovo in sogno, che ride calma, immersa nel suo mare che frena i colpi di chi le spara al cuore.

La confessione: per tre volte nella mia vita ho deciso di passare le mie vacanze estive sullo Stelvio, tra i ghiacciai. Non sono molto capace di sciare, ma ero felice di vedere che comunque, anche su quelle vette così lontane dal mare, l'acqua, sotto forma di neve, non interrompe la sua corsa.

I Quartieri Spagnoli

In una mia commedia teatrale molto fortunata Paone, Buccirosso e io interpretavamo un trio di fratelli un po' particolari, ognuno con caratteristiche e tic dalla singolarissima comicità. Tutto il primo atto era un vero «manicomio», come si dice a Napoli per dare un'idea dell'atmosfera che si respira in casa.

Tante famiglie napoletane si riconoscono in una frase come questa. Anzi, molti amano dire che a casa loro è un vero manicomio, dando però a questa parola – che appartiene ormai, grazie al cielo e a studiosi come Basaglia, al sonno della Ragione – un significato di allegra e rumorosa baraonda. «A casa mia è 'nu manicomio», a Napoli, significa che in quella casa può succedere qualsiasi cosa. Ogni membro della famiglia è capace di tutto. Quindi, quando si invita un amico a casa, lo si prepara sempre al peggio, nel senso divertente della parola.

E pure le malattie più dolorose diventano oggetto di stupita e attonita ilarità: lo zio o la zia che non ci stanno più tanto con la testa e confondono i nomi e le persone, e che potrebbero scambiarti per un loro fidanzatino di gioventù o per un compagno di una guerra che magari nemmeno hanno mai combattuto.

Potrebbe accaderti di portare un amico a casa e incappare nelle ire del capofamiglia che vorrebbe ancora discutere di quel rigore che l'arbitro, cornuto e juventino, non ci ha dato. Tu pensi si riferisca alla domenica precedente e quindi non capisci e lui si incazza come una furia con il figlio: «Ma tu chi cazzo m'he purtato a casa?! Chi è stu strunzo? N'atu juventino…»

«No, papà, si chiama Antoine, è francese, nun te capisce bbuono…»

«E pecché nun me capisce?! Io sto parlanno accussì bello!»

E, cambiando repentinamente umore, come se non fosse mai stato in collera in vita sua, comincia a parlare quella lingua che capita molto spesso di sentir parlare ai napoletani più tradizionali: una lingua che trasforma esclusivamente nel ritmo il dialetto parlato tutti i giorni.

All'improvviso, cioè, il capofamiglia incazzato con l'arbitro juventino, cerca di spiegare all'inconsapevole ed educatamente socievole Antoine… «che…» e da questo momento in poi il ritmo delle parole improvvisamente rallenta e come in un film, quando i fotogrammi vanno quattro volte più lenti della velocità normale, si ottiene l'effeto *rallenty*. «…Che ll'aaarrrbitrooo èèè uuunn grandissimoooo coornuuutooo… capisci cornuutooo?»

E, immancabilmente, sottolinea le parole facendo il gesto delle corna. Per fortuna Antoine parla l'italiano per cui ride divertito. La cosa fa incazzare ancora di più il capofamiglia che guarda torvo il figlio che si è fatto l'amico francese e magari tifa pure quegli stronzi del PSG che si sono portati via Cavani…

«Papà, Antoine è francese, fa il musicista e non gliene frega niente del calcio!»

«Azze, ih che schifezza d'amico che te si' fatto!»

«E capisce pure l'italiano!» conclude il figlio.

Ma ormai il padre è andato verso la cucina per farsi un sorso di caffè, già dimentico di questo episodio. E lo offre pure ad Antoine, come se nulla fosse mai accaduto.

«Lo tenete il caffè di mia moglie in Francia?»

Come è possibile fare una domanda del genere? Come potrebbe mai il povero Antoine avere in Francia il caffè di Carmela? Eppure nelle nostre case è frequente questo intreccio quasi surreale di rapporti, come ho accennato in uno dei paragrafi precedenti.

E proprio su questo tipo di rapporti familiari si basa la commedia che ho citato all'inizio del capitolo, *E fuori nevica*. I tre fratelli, che non si vedevano da anni, si riuniscono dopo la morte della mamma e dalla loro coabitazione, forzata dalla malattia di uno dei tre, affetto da una non meglio identificata forma di autismo, nascono tutti gli equivoci, i contrasti buffi, le incomprensioni tipiche di molte famiglie napoletane.

In questo contesto arriva, assolutamente impreparato a quello che lo aspetta in casa, il notaio, interpretato da Maurizio Casagrande.

Poiché Maurizio entrava in scena solo al secondo atto, l'attesa per lui era lunga. Spesso solo in camerino, si annoiava e cercava di distrarsi giocando con il computer. Ma un giorno, per vincere la noia e provare a divertirsi, ebbe la «malaugurata» idea di concludere la sua lunga battuta di ingresso, invece che con il canonico «Dite pure, dite, dite!» con uno spiritoso e innocentissimo «Hablate!» Chissà perché lo disse in spagnolo.

E io, così come lo sto scrivendo adesso, anche allora, quasi trent'anni fa, colpito da quella stranezza, gli chiesi, in scena, con altrettanta innocenza: «Come mai avete detto hablate!?»

E Maurizio, sempre pronto, come gli altri due compagni di scena, all'improvvisazione, rispose semplicemente: «Così, mi è venuto...»

«E perché vi è venuto in spagnolo?» insistetti, fiutando la possibilità di divertirmi mettendolo alle corde.

«Non lo so...» Maurizio voleva uscire da quello stallo che si stava venendo a creare per colpa della noia. Avrebbe voluto dirmelo, glielo leggevo nel pensiero «Stavo in camerino ad annoiarmi come tutti i giorni, da mesi, mentre voi vi divertite in scena, per cui ho voluto provocare una piccola reazione in voi, ma adesso lasciamo perdere tanto dove vuoi che ci porti questa stupidaggine dello spagnolo...»

E invece feci benissimo a insistere perché subito mi seguì a ruota Carlo Buccirosso e Maurizio si ritrovò messo in mezzo (anche la posizione in scena lo vedeva letteralmente seduto tra me e Carlo), bombardato da mille domande alle quali cercava di rispondere per porre fine a un interrogatorio che, forse, nel ricordo di chi lo ha visto, è rimasto impresso più di ogni altro tratto della commedia.

«Allora siete spagnolo?» gli chiese dandomi corda Carlo, che riaffiorava dal suo torpore sentimentale, distrutto per avere scoperto, a causa dell'intuito di suo fratello autistico (il Cico di Nando Paone), che la fidanzata era una prostituta.

«No, come dicevo a suo fratello, ho detto "hablate" solo per fare una battuta...»

«E perché avete fatto una battuta in spagnolo? Se uno non è spagnolo non è che fa una battuta in spagnolo...»

«Non lo so perché, mi è capitato... ma adesso andiamo avanti e parliamo del testamento di vostra madre che non vi obbliga in nessun modo dal punto di vista legale, ma l'impegno è da ritenersi solo di tipo morale!»

«Notaio, siccome in spagnolo suona male, ce lo potete tradurre in italiano...»

«Ma io ho parlato in italiano, perché io sono italiano...»

«Ah, quindi siete naturalizzato?»

«Nossignore», rispose sempre più infuriato Maurizio. «...Io sono proprio nato in Italia!»

«Quindi i vostri parenti sono spagnoli e voi siete nato in Italia? Ma come mai parlate ancora spagnolo...?»

E questo fuoco di domande, sparate da me e da Buccirosso in un frenetico scambio da un aguzzino all'altro faceva sudare Maurizio e lo portava, come accade nelle pentole a pressione, a fargli proprio partire la valvola. Diventava incandescente.

Il pezzo nato per caso o per noia (di Maurizio) arrivò, con l'andare delle repliche, a durare fino a 45 minuti. La gente impazziva di gioia e Maurizio si sentiva finalmente sazio e felice di aspettare senza ansia il momento dell'ingresso in scena perché ora sapeva che si sarebbe divertito e addirittura stancato con la creazione di quella nuova commedia nella commedia.

Il pezzo, che chiamammo poi, «dello spagnolo» arrivava alla conclusione quando uno sfinito Maurizio si rassegnava a rispondere alle ultime domande che ne decretavano la condanna. Così insomma doveva accettare la sua nuova nazionalità.

Io: «Vabbè, calmatevi notaio... voi ci dite che siete italiano ma... per curiosità, ci potete dire dove abitate?»

Maurizio tentennava, sembrava non voler rispondere poi, pur di uscire dalla nostra casa dei pazzi, rispondeva timidamente con una mezza verità: «Nei pressi di via Roma...»

«Via Roma?» provava a curiosare con sadismo Buccirosso. «Via Roma ex via Toledo...?»

«Sì...» ammetteva ormai stremato il povero notaio.

«E dove sta via Toledo, scusate...? Ai quartieri...?»

E tutti e tre insieme, pubblico compreso, urlavamo: «Spagnoli!»

Alla fine, Maurizio usciva di scena sommerso dagli applausi e dalle risate degli spettatori, e questo accadeva dappertutto, non solo nei teatri di Napoli ma ovunque. Persino a Vienna! Perché i Quartieri Spagnoli sono conosciuti in tutto il mondo, si sono fatti un nome nella buona e nella cattiva sorte.

Per me, sono il posto più bello di Napoli e ci andrei ad abitare molto volentieri. Ma non perché sono napoletano, proprio perché è un bellissimo quartiere, pieno di vita, di commercio, di voci, di odori.

Ma rifiuto di andarci ad abitare solo per dimostrare

che sono un Napoletano Verace. È questo che non mi piace dei Quartieri Spagnoli, l'idea che per andare a viverci bisogna avere coraggio e tenere Napoli nel cuore. Non è così. Si può andare a viverci anche senza essere napoletani. Ormai, i Quartieri Spagnoli hanno lasciato questo tipo di eredità ad altri quartieri ritenuti zona franca per la legge. Io mi auguro che le parti della città che detengono la «malafama» dell'epoca moderna ereditino dai Quartieri Spagnoli la capacità di trasformarsi che hanno sempre avuto, la loro capacità di essere parte del mondo, senza tuttavia perdere la propria singolarità e il proprio folklore.

La confessione: mi piacciono da morire anche i quartieri di Genova, con i loro pendii, le loro zone d'ombra che alternano paura e allegria, le loro voci musicate da una sonorità quasi portoghese. Confesso che, se potessi, prenderei una casetta anche lì.

Il presepe e i pastori

«Te piace 'o presepe?» chiede incessantemente Luca Cupiello al figlio Tommasino nella commedia di Eduardo. Questa frase, grazie alla televisione, è entrata per anni (ultimamente non accade più) nelle case di tutti gli italiani e tutti le riconoscevano il merito, al di là della bellezza dell'opera, di far respirare ai telespettatori un clima caldo e intimo di famiglia. Sebbene si trattasse di una famiglia napoletana, credo di poter affermare con una certa sicurezza che il Natale di Eduardo era capace di regalare un'atmosfera natalizia non solo ai Cupiello, ma a tutti coloro che considerano la famiglia un luogo sicuro e un'àncora di salvezza nel mare confuso dell'etica.

Eppure in quella commedia la confusione regna sovrana. Eduardo ci racconta una storia che, dietro la bonomia del protagonista, dietro le risate per le intemperanze del figlio, cresciuto nel fisico ma non nel carattere, dietro il tipico cenone del 24 dicembre, nasconde un'intricata tela di tradimenti e rancori e rimpianti e… insomma, tutto quello che la nostra Italia piccolo-borghese ha covato per anni negli anfratti più profondi della propria anima.

Quindi Eduardo non parla solo a Napoli e ai napoletani, ma a tutte quelle persone che in ogni angolo del mondo, cercano di, come si dice?, sfangarla per arrivare non solo alla fine del mese, ma a una vita dignitosa e almeno apparentemente serena. Dico questo ai Probi Viri della mia città che hanno la pretesa di dare un colore non solo eduardiano, ma addirittura napoletano al Natale in famiglia.

«Eh ma come facciamo noi il Natale a Napoli, non lo fa nessuno...!»

Io penso che un napoletano non possa essere bocciato in Napoletanità se ogni tanto alla domanda «Dove hai passato il Natale?» invece di rispondere come in un rito obbligato «A casa, in famiglia», con immancabile corollario di commozione e sentimentalismo, risponda: «Qua, a Roma».

«Ma come, non lo passi a Napoli? E che napoletano sei?!»

Napoletani che, dopo la replica di un mio spettacolo, il 23 dicembre, mi chiedono, in lacrime: «Sale', addo' stai dimane, p' 'a vigilia?»

«A Napoli».

«Beato a te che può turna' a casa!»

«Ma stiamo a Roma, torna pure tu!»

«E comme faccio? Mia moglie è di Roma, i miei figli sono nati qua...»

Vorrei dirgli che Roma ormai è a solo un'ora di treno e che potrebbe passare il 24 a Roma e il 25 a Napoli, o anche il contrario, ma mi manca il coraggio. Temo una sua reazione. Vorrei dirgli che torno a Napoli, ma non in famiglia, perché la mia famiglia sta a Bacoli. Vorrei potergli dire che lo passerò dalla famiglia di mia moglie, napoletana DOC. E loro stanno a Napoli, non a Bacoli.

Mi chiedo se è più da Napoletano Verace passare il Natale in famiglia o passarlo comunque a Napoli.

Se la mia famiglia vivesse, per un caso di antica emigrazione, in Australia, per dimostrare che siamo napoletani dove dovremmo passarlo il Natale? Tornare tutti a Napoli sarebbe impossibile. Manderemmo una delegazione in omaggio alle nostre tradizioni per onorare la fedeltà alla nostra cultura?

Cari guardiani della Napoli vera, diciamoci la verità: la situazione, almeno in merito alle festività natalizie, ci sta sfuggendo di mano.

Se devo dire la verità io a quel signore che a Roma, dopo lo spettacolo del 23, mi invidiava commosso non credo molto. Penso che abbia fatto un po' di scena per dimostrare a me, credendo che fossi uno della stretta schiera dei fedelissimi e potenti commissari della cultura partenopea, che lui era un napoletano fedele.

Avrei voluto dirgli che, se fosse stato davvero così fedele, tanto per cominciare non avrebbe dovuto sposare una romana e non avrebbe dovuto far nascere i figli a Roma e poi, cosa più importante, per eliminare ogni sospetto di tradimento, a Natale, a *ogni* Natale, avrebbe dovuto espiare questa presunta colpa, costringendo non solo se stesso, non solo i propri figli e la madre dei suoi figli, ma addirittura la famiglia della moglie, suocera e suocero (volendo essere pignoli anche i fratelli e le sorelle della moglie con relative famiglie) a venire a Napoli e sedersi intorno al tavolo imbandito per la cena della vigilia e restarci almeno fino alla mezzanotte, ora in cui – così si faceva quando ero piccolo io e i napoletani veri rispettano le tradizioni – veniva messo il bambinello di terracotta nella sua culletta di paglia, al centro della grotta di Betlemme, tra Maria e Giuseppe e, alle spalle, il bue e l'asinello a riscaldarci i cuori.

Quando ero piccolo io ogni famiglia che volesse definirsi VFN (Vera Famiglia Napoletana) aveva il dovere, piacevolissimo, di fare il presepe. Altro che albero di Natale! L'albero di Natale si faceva, certo. Ma con gli abeti veri! (Chiedo scusa a chi, come me, si preoccupa delle sorti della nostra amata terra, ma all'epoca si usavano abeti veri ma – spero di non dire una enorme sciocchezza – credo che una buona potatura, fatta con la sapienza di chi si intende di agricoltura, possa fare anche bene alla nostra amata natura).

L'albero di Natale, quando ero piccolo io, era rigorosamente pacchiano, altro che questa sciccheria di palle argentate e fili di neve bianca, altro che alberi da atmosfere nordiche. I nostri alberi di Natale erano un'esplosione di colori e materiali diversi. C'era appeso di tutto! C'erano palle di tutte le grandezze e di tanti colori, c'erano il babbo natale di cioccolata, le renne di legno, le cannucce di zucchero a strisce bianche e blu, bianche e rosse, c'erano i fili argentati e quelli bianchi o rossi che giravano intorno all'albero, e in cima c'era un meraviglioso puntale che faceva sognare i bambini perché sembrava sempre irraggiungibile.

Ma se vogliamo proprio essere corretti, dobbiamo ammettere che la situazione ci è sfuggita di mano già vent'anni fa, quando abbiamo smesso di mettere in cima ai nostri pensieri l'oggetto più amato dalle famiglie di Napoli e dintorni: il presepe.

Non il presepe per i turisti, quello che si compera già fatto, bellissimo per carità, ma che non ha il valore di quegli sgangherati accrocchi di legnetti e cartapesta malferma, con il muschio raccolto sui muretti umidi dei vicoli più dimenticati e soprattutto la pompetta. Ve la ricordate la pompetta che a mezzanotte, immancabilmente, lo zio o il nonno facevano partire, grazie a un piccolo motorino, rubato a una vecchia carrozzeria abbandonata dal gruppo elettrico della messa in moto? Miracolosamente, mentre tutti cantavamo *Tu scendi dalle stelle*, dalla collinetta di cartoncino, dipinta come una mimetica a macchie verdi e marroni, scendeva l'acqua del ruscello. Io ne ero estasiato, pur sapendo che dietro quel ruscello non c'era una mano divina, ma quella dello zio.

Ma non è forse anche questo, Dio? Non è dimostrazione divina questa ingenua complicità tra noi che guardavamo, fingendo di non vedere, e lo zio che metteva in moto la pompetta, fingendo di non essere visto? Certo, qualche volta è capitato che il motorino non partisse e allora lo zio fantasioso trovava la scusa pronta: «Questi giorni non ha piovuto, 'o fiumiciattolo nun s'è riempito!»

Ecco, io direi che almeno su questo argomento del Natale, i Probi Viri dovrebbero mollare un po' la presa e accettare la realtà di un mondo che è totalmente cambiato.

Se vogliamo essere precisi, io penso che sia molto più napoletano festeggiare il Natale lontani in una casa dove si respira un'aria fraterna e amorevole che stare a Napoli ma in una famiglia che, come quella del povero Luca Cupiello, è ormai disunita e non ha più nemmeno la granitica certezza del presepe.

Ecco perché il povero Cupiello si ostinava a chiedere, incessantemente e sperando sempre in una risposta positiva, «Te piace 'o presepe?» a quel figlio che gli appariva ormai come l'unica speranza per il futuro che gli era rimasta. Credo che Eduardo volesse aggrapparsi alla speranza nelle generazioni future, quelle che sarebbero venute dopo l'innocente Cupiello, vecchio bambino alle prese con colla e pennelli, con chiodi e martello, con pialla e seghetto. Luca Cupiello, un pastore reale tra pastori di terracotta.

Anche i più nostalgici tra noi devono accettare che ormai, persino a Napoli, si festeggia una ricorrenza di cui conoscevamo l'esistenza solo attraverso i film: Halloween. Nel momento in cui ho visto bambini andare nelle case del Vomero, di Napoli centro e dei Campi Flegrei a porre la domanda di rito «Dolcetto o scherzetto?», allora ho capito, o almeno ci provo, che non potrò mai prendere il posto di mio zio, perché non mi capiterà mai più di avere dei nipoti che guardino fiduciosi la sommità della collina dalla quale, miracolosamente, sarebbe arrivata (salvo siccità dell'ultim'ora) l'acqua del ruscello.

La confessione: a San Gregorio Armeno c'è una consuetudine che sta ormai diventando una vera e propria tradizione internazionale: gli artigiani che modellano le statuette tipiche del presepe, i famosi pastori appunto, ogni anno ne creano di nuove con le sembianze di personaggi che si affacciano alla ribalta del successo e della fama in ogni campo delle attività umane. C'è stato l'anno di Maradona, quello di Clinton, quello di Berlusconi, di Renzi, di Salvini, e così via.

Tre volte l'hanno fatta anche a me. Tre artigiani diversi mi hanno fatto questo omaggio di cui mi sento onorato. Però devo dirvi la verità. Non mi somigliano.

In una sembro Fiorello, in un'altra (in cui mi hanno messo il pizzetto che portavo qualche volta da giovane) sono identico a La Russa, e in un'altra ancora assomiglio a un attore della mia compagnia che non so se conoscete per cui è inutile farne il nome.

Io le tengo esposte a casa, ma ogni volta che viene un ospite a farmi visita mi devo inventare delle scuse per spiegare perché ho in casa le statuette di Fiorello e di La Russa. E tutti mi chiedono sempre: «Ma questo sarebbe proprio La Russa o è l'imitazione che ne faceva Fiorello?»

Allora questa confessione è anche un appello: posso chiedere agli artigiani che mi hanno mandato le statuette se hanno sbagliato a disegnarmi perché non si ricordano di me, di come sono fatto, o se hanno semplicemente sbagliato indirizzo?

La Smorfia

C'è una scena memorabile nel divertentissimo film di De Crescenzo *Così parlò Bellavista*, in cui il protagonista è un povero impiegato del Banco Lotto di Napoli addetto alla interpretazione dei sogni di due sorelle che vogliono giocarsi i numeri giusti per tentare la fortuna. Il poverino (magnificamente interpretato da Renato Rutigliano) deve cercare di capire se i carabinieri che una delle due formidabili sorelle Fumo ha sognato – quella con la voce più acuta, leggermente sorda (Nuccia Fumo. L'altra, altrettanto brava, si chiamava Nunzia) – sono carabinieri a piedi che fa 37 oppure a cavallo che fa 56, e così via fino ad arrivare a ipotizzare che fossero bersaglieri!

Insomma un vero rompicapo cercare di dipanare la matassa intricata delle visioni notturne di un essere umano. Se poi prendiamo per vera l'ipotesi di Freud che sosteneva che la coscienza svolge un ruolo molto importante, quello di censore arbitrario e fazioso durante la fase dei sogni, si capisce perché tanta gente, convinta che i sogni possano davvero essere premonitori, resta sempre delusa.

C'è sempre una giustificazione al cattivo esito di

una giocata: chi ha interpretato il sogno traducendolo in numeri può sempre dire che, forse, i sogni non gli sono stati riferiti nella maniera giusta, come accade appunto nella scena di Bellavista. Oppure il sognatore/giocatore può ammettere una dimenticanza qualora, una volta estratti i numeri vincenti, si rendesse conto che magari, nel raccontare il suo sogno ha omesso un particolare importante.

«Uh, è uscito pure l'1! Mi sono dimenticato di dirvi che quando andavo a parlare con mia mamma morta... che fa 54, mi portavo uno strofinaccio arravogliato che fa 1! Lo vedete, l'1 è uscito».

«E se voi mi dite che c'era lo strofinaccio arravogliato vuol dire che avevate le mani bagnate, le mani bagnate fanno 5. 1 lo strofinaccio, 54 la mamma morta, se piangeva 52, e 5 le mani bagnate, facevate un terno troppo bello!»

E allora forse bisognerebbe mettersi d'accordo con la coscienza censoria di Freud e raccomandarsi che si faccia gli affari suoi quando sogniamo.

Perché giocarsi i numeri al Lotto è una cosa seria e non possiamo avere in testa una parte di noi che ci gioca contro.

Ahimè, temo che Freud, con l'invenzione di questa psicanalisi, si sia messo un po' di traverso lungo la strada dei conservatori di ogni regola e sistema. Ha sconvolto tutte le generazioni del Novecento, confondendoli con l'idea che nel nostro cervello c'è qualcosa che noi non possiamo controllare. E una società che perde il controllo di se stessa è una società destinata a finire o, quantomeno, a trasformarsi. Ma i cambiamenti danno noia ai controllori della Storia, ai guardiani delle Tradizioni.

Nel caso in questione, quello della Smorfia, credo però che nemmeno Freud e dopo di lui Jung e tutta la psicanalisi moderna siano mai riusciti a scalfire la certezza tutta napoletana che nei sogni si nasconda la verità e la generosità dei nostri congiunti che dall'aldilà si prendono cura di noi.

In fondo, anche per Freud i sogni erano legati ai nostri desideri più profondi e a volte inconfessabili. Solo che a Napoli il compito di desiderare è affidato a coloro che non sono più con noi, mentre noi, che siamo ancora in vita, abbiamo il compito di interpretare quei messaggi. Ma, come la coscienza di Freud decide cosa è lecito e cosa no, anche noi, quando raccontiamo e interpretiamo i nostri stessi sogni, ci lasciamo condizionare dalle nostre paure e dalla nostra cecità e finiamo per perdere o confondere il messaggio altrimenti chiarissimo e vincente dei nostri nonni o dei nostri amici ormai lontani.

Io non ho mai giocato al Lotto in vita mia, ammetto questa mancanza che va ad aggiungersi alle confessioni dei paragrafi precedenti. Però, a mio merito, posso dire che per almeno vent'anni ho giocato a tombola a Natale con i numeri chiamati non solo in cifra ma tradotti anche in figure, metafore e interpretazioni varie.

Dall'1, l'Italia, al 90, la Paura, passando per il 16, «'o culo» e il 29, «'o pate d'e criature», «'o scemo» che fa 23 e il Pazzo che fa 22 fino al 48, il Morto che parla, e non può mancare mai il 30 perché tutti in coro, allegri di cibo e di vino dobbiamo urlare, quasi a fare rima: «'E palle d'o tenente!»

E a mio merito aggiungo che ho giocato a queste tombolate con i miei nonni, i miei genitori, le zie e gli zii, i fratelli, i cugini, circa trenta persone attorno a un tavolo che nei tempi di oggi ne conterrebbe massimo dieci. E giocavamo appuntando i numeri che uscivano dal canestrino intrecciato con un giro di vimini colorato di rosso, usando le bucce dei mandarini appena mangiati, o peggio ancora i fagioli. Peggio ancora perché cascavano dappertutto e dimenticavi la casella dalla quale era caduto e allora chiedevi al banco di turno di richiamare tutti i numeri usciti, sollevando una protesta generale con relative battute sulla tua distrazione e risposte altrettanto divertenti, fino a perdere di vista il gioco e la posta messa al centro del tavolo, di cui spesso si impossessava il più astuto e veloce tra i piccoli…

La confessione: ho vissuto quegli anni dell'infanzia e dell'adolescenza a Bacoli rispettando le vere tradizioni del popolo napoletano, ma oggi mi capita spesso (sempre, direi) di rifiutarmi di giocare a tombola.

Anche perché non riesco a usare quelle cartelle coi segnapunti in plastica, che non cascano mai e che rubano al rito giocoso del Natale nostrano il sapore leggero della festa in famiglia, per confonderlo con quello più aspro e pedante della gara vincente.

I capitoni, la pastiera, i dolci di Natale

Questo è l'ordine in cui li ho messi all'inizio del libro e questo sarà l'ordine che rispetterò. Un ordine un po' asimmetrico, poiché il capitone dovrebbe essere seguito dai dolci di Natale, mentre la pastiera è la regina della Pasqua.

O meglio, *era* la protagonista della Pasqua perché, come nel caso di tante altre eccellenze in odore di sacralità da parte della tradizione più ortodossa, si è dovuta arrendere al ritmo frenetico dettato dalle esigenze del mercato consumistico, poco rispettoso della volontà conservatrice delle culture popolari. E la pastiera (ormai sto cambiando l'ordine del titolo, ma anche questo avviene spontaneamente, dettato solo dalle emozioni e dai sentimenti. E dal caso, diciamola tutta!) io la lego fortemente alla Pasqua e a quei giorni meravigliosi che danno inizio alla primavera: coi profumi delle nuove fioriture di campo, col sole che comincia a prenderci di mira in maniera diretta e non sbilenca, coi colori pastello quasi velati dal primo calore atmosferico…

La pastiera è uno di quei dolci che un tempo facevano la differenza. Era davvero esclusivamente napoletano. Anzi, era pregiatissimo perché non era nemmeno un dolce proprio da pasticceria. Era piuttosto un dolce casalingo, nel senso che ogni casa, anzi ogni donna (all'epoca fare i dolci era ancora un'attività di dominio femminile) aveva il suo modo di realizzarlo.

E allora capitava che una zia ci mettesse troppo zucchero, un'altra troppa ricotta. Erano quindi frequentissimi i commenti all'assaggio. Si passava una settimana, dalla Domenica delle Palme alla Pasqua, ad assaggiare pastiere di tutti i tipi. E le frasi più frequenti erano: «Noooo, chesta nun è 'na pastiera, è 'na pizza 'e ricotta!»

«Noooo, chesta è 'na crostata!» perché magari c'era una pasta frolla troppo spessa (la pasta frolla, per me, dev'essere sottile e si deve quasi rompere la fetta che si sta per mordere).

«La pastiera, quella giusta dev'essere umida».

«Sì, ma non troppo sennò vene 'na crema».

«Chesta è 'a pastiera 'e Valeria, ce sta poco 'a fa, è spettacolare!»

«Me piace che se sente 'o grano».

«C'ha miso troppo zucchero».

L'intenditore più severo sa distinguere addirittura le epoche: «Questa è la pastiera borbonica perché è fatta con la crema», versione che ho personalmente assaggiato, ma che non mi ha convinto. Ma sarà poi vero che la pastiera con la crema è di origine borbonica?

La quantità di cose che si attribuiscono all'epoca borbonica è davvero fenomenale, ne accennerò anche nel prossimo capitolo sulla camorra. Ma io sto parlando di un'epoca quasi preistorica, vi parlo degli anni Sessanta, gli anni in cui a Bacoli la Domenica delle Palme veniva festeggiata seriamente: le chiese erano affollatissime, le palme intrecciate come vere e proprie opere d'arte, e dappertutto si poteva sentire la «colonna olfattiva» dell'intero periodo, vale a dire il profumo intenso, inimitabile, dell'«acqua di millefiori», ingrediente fondamentale per condire la pastiera.

Il profumo dell'acqua di millefiori è la prima cosa andata perduta nel tempo. Ci sono sempre, a Napoli ma non solo (si trovano anche in qualche negozio specializzato di Roma, per esempio), i rivenditori di queste fialette quasi da alchimista, ma molti non le usano più, le sostituiscono con il profumo di fiori d'arancio. Anche perché, ormai, la pastiera casalinga quasi non si fa più. Le pasticcerie hanno preso il sopravvento del mercato togliendo a questo dolce proprio ciò che lo rendeva unico e speciale: la bellezza dell'imperfezione.

Le pasticcerie le sfornano in serie perché non potrebbero fare altrimenti, usano il bilancino per pesare gli ingredienti, rendendo identiche tutte le pastiere in vetrina e togliendo al consumatore la possibilità di discutere, come ho scritto sopra, se c'è troppo zucchero, se la ricotta non è di pecora, se il grano è troppo inconsistente o se i canditi non sono di buona qualità. E allora le pasticcerie per vendere sono costrette ad accontentare un po' tutti, bilanciando gli ingredienti affinché nulla prevalga. Per qualcuno questo potrebbe rappresentare un vantaggio, ma per chi vuole difendere le tradizioni si tratta di un cambiamento essenziale.

In questo senso io sono un conservatore e mi meraviglio che nessuno si lamenti per il danno vero alla nostra cultura. La pastiera, come i pastori del presepe, rappresenta alcune giornate dell'anno. Così come non si possono vendere i pastori in ogni stagione, allo stesso modo non puoi trovare la pastiera (pastiera, poi! Un dolce qualsiasi che somiglia a un milione di altri dolci col sapore della mediocrità) sulle tavole dei ristoranti di ogni città, in ogni momento dell'anno!

Perché i Probi Viri non hanno mai detto una parola su questo? Perché accusare di tradimento i napoletani che girano il mondo e non dire una sola parola per impedire che il mondo, nella sua accezione più anonima e indefinita, ci rubi la gioia dell'attesa? L'attesa del grano insaporito nel latte e cannella o del profumo che invadeva la casa al risveglio nei giorni di Pasqua, quella colazione che il tempo limitato a nostra disposizione faceva diventare imperdibile, composta da una fetta di pastiera e da un caffè amaro? Non è forse degna di attestato identitario la pastiera? Cosa ha di meno rispetto ai dolci di Natale e al capitone?

Perché i nostri dolci di Natale sono rimasti solo napoletani, come del resto il capitone lo si vede solo sulle nostre tavole, mentre la pastiera l'ho trovata anche in Svizzera, a Londra, a New York, in pessime versioni per me immangiabili?

Parliamo dei dolci di Natale. A me piacciono molto, ma prendiamoli in esame, elenchiamoli. Roccocò, raffioli semplici e raffioli a cassata, mustacciuoli al cioccolato, susamielli, struffoli, e ne dimentico sicuramente qualcuno. Tutti dolci che si fanno solo in pasticceria. Ci siamo mai permessi, noi comuni cittadini, di osare un tentativo di ripetere in casa ciò che forse solo i forni industriali, oltre alla sapienza culinaria, possono fare? Io non ho mai mangiato un roccocò fatto in casa. E ne sono contento perché, come accadeva per le pastiere casalinghe, anche per i dolci di Natale si può intavolare la discussione sulle qualità dell'uno o dell'altro pasticcere. Ed è ancora così.

Ma lo possiamo dire perché questi dolci non sono stati imitati fuori Napoli? Possiamo dire che non si riesce proprio a capire perché a uno gli dovrebbe piacere il susamiello?

Il susamiello è un vero mistero. Io ricordo mio padre che cercava di convincere tutta la famiglia, riunita intorno al tavolo la sera della vigilia, della presunta bontà di questa specie di biscotto, di colore marroncino forse perché fatto di farina integrale, o semplicemente scura, non so, impastato col miele e dalla consistenza così gommosa da rendere quasi impossibile masticarlo: perché il boccone non si stacca, lo devi tirare con due mani e avere denti di acciaio.

Poi, una volta che sei riuscito a prenderne un pezzo, ti accorgi che il sapore non arriva mai. E allora mio padre, che già da almeno dieci minuti stava masticando il suo boccone, mi faceva segno di portare pazienza, che prima o poi il sapore sarebbe arrivato. Eppure io devo confessare che il susamiello l'ho amato e ancora oggi lo mangio soltanto per devozione, come si dice a Napoli, e per amore di mio padre.

Vogliamo dirlo, poi, che il raffiolo a cassata (superlativo!) non è altro che la versione napoletana della cassata, i cui diritti d'autore spettano ai siciliani? E lo vogliamo dire che sia i roccocò che i mustaccioli, anche se non sono gommosi come i susamielli, ti spaccano i denti per quanto sono duri?

Ho assistito a vere e proprie battaglie tra mio zio Livio, addetto alla divisione dei singoli pezzi da distribuire, e il roccocò o il mustacciolo da tagliare. Una volta l'ho visto salire sulla sedia e aiutarsi col ginocchio per affondare la lama!

Ecco perché i dolci natalizi della nostra tradizione non sono stati mai imitati dalle altre città: a chi verrebbe mai in mente di passare il guaio che passiamo noi, tutti gli anni, resistendo alla tentazione di urlare: «Nun 'o voglio 'o roccocò, nun 'o voglio 'o susamiello, nun me piaceno!» Abbiamo preferito, ipocritamente, fingere di arrenderci al consumismo e consentire così alla pastiera di affacciarsi sulla tavolata anche nel resto dell'anno, finendo così per uccidere il suo vero significato.

Per il capitone vale lo stesso discorso.

Perché lo si vede solo a Natale e, soprattutto, perché lo si mangia solo a Napoli? Ma è ovvio! Diciamo la verità, anche se nessuno ha il coraggio di dirla: il capitone fa impressione. Sembra un serpente, ci fa venire in mente le battaglie delle nostre mamme per ammazzare quei poveri pesci, disabituati a morire e a essere pescati per tutto un anno e all'improvviso protagonisti indiscussi della vigilia e del cenone di Capodanno.

Io confesso che a me il capitone piace tantissimo, ma conosco tanti amici e amiche che, per paura di non essere abbastanza napoletani, si vergognano di dire che a loro non piace, anzi che gli fa proprio impressione. È questa la ragione per cui il capitone non lo mangi da nessuna parte se non a Napoli.

Quindi, definirei i dolci di Natale napoletani e il capitone segni identitari, sì, ma di una cultura dispotica e dogmatica. Facciamo un sondaggio e decidiamo se le generazioni future, o già quelle di adesso, debbano rispettare queste tradizioni per potersi definire Napoletani Veraci o se possono disubbidire e mangiare quello che gli piace. Soprattutto i ragazzi che nei giorni di Natale hanno diritto alla loro meritata vacanza.

La confessione: negli ultimi anni, ho passato il mese di dicembre a Milano e, nel giorno della vigilia, approfittando del riposo dal lavoro, sono sempre venuto a passare la vigilia a Napoli ma, ahimè, mi sono sempre portato un bel «panettùn!»

La camorra

Il mio primo incontro con la camorra è stato agli inizi degli anni Sessanta, a casa mia, quando i miei genitori con alcuni amici erano andati al teatro San Ferdinando a vedere Eduardo in una commedia nuova di zecca, scritta nel 1961, *Il sindaco del rione Sanità*.

Sentii questa parola ma non ne capii il significato, ero troppo piccolo. Però avvertivo il tono preoccupato e critico di alcuni amici dei miei contro quello, sempre preoccupato ma più benevolo, degli altri componenti della comitiva di amici quando, al loro rientro dallo spettacolo, si erano messi a parlarne.

Una quindicina di anni dopo, come ho già detto, ho avuto la fortuna di entrare, come attore, a far parte della compagnia di Eduardo e, dopo aver interpretato il ruolo dello studente nel *Cilindro*, mi venne confermato il contratto per interpretare il ruolo del Palummiello in questa grande commedia in tre atti che descrive le gesta di un proto-camorrista soprannominato da Eduardo, appunto, sindaco del rione più popolare di Napoli, il rione della Sanità.

Quest'uomo, Antonio Barracano, è un eroe in chiaroscuro, che si dibatte tra un senso di giustizia molto personale e una voglia di ripristinare e mantenere la legalità e la pace contro le prepotenze. Prepotenze che egli stesso, da ragazzo, aveva subìto e per cui ci aveva quasi rimesso la pelle per le botte ricevute da un malfattore che, anni dopo, aveva provveduto a uccidere, per vendetta.

«L'ultima curtellata ancora ce ll'aggia' da'!» dice Antonio Barracano a Fabio, il medico nonché amico fedele che lo curerà fino alla fine dei suoi giorni.

E questo fu il mio secondo vero incontro importante con la camorra. Camorra intesa però come mentalità e non come organizzazione criminale vera e propria.

Perché il sindaco del rione Sanità ai miei occhi – avevo diciannove anni appena e, come molti ragazzi, ero pieno di una passione romantica per la giustizia, intesa come senso di legalità, un'idea dello Stato che vigila e assiste i propri cittadini con rigore e affetto –, insomma a me quel personaggio appariva come un giustiziere poco rispettoso della legge. Il fatto che avesse stabilito di assumersi lui in persona il compito di dirimere questioni e litigi mi sembrava un concetto troppo estremo e troppo vicino a una mentalità giustizialista che con la cultura di una democrazia occidentale poco aveva a che spartire.

Tuttavia era Eduardo ad aver scritto quella commedia ed Eduardo era il mio mito assoluto, per cui cercai di andare al di là delle posizioni ideologiche e dogmatiche dettate dal furore giovanile e imparai a capire che quell'uomo, Antonio Barracano, aveva davvero un innato senso di giustizia e non oltrepassava mai i limiti imposti dalla legge dello Stato. Si limitava a contenere i danni, a impedire che le risse finissero in tragedia ed era arrivato perfino a pagare con la propria vita la voglia di aiutare il giovane Rafiluccio, ostacolato da un padre arrogante e prepotente. Questi, che finge di portare rispetto al sindaco, alla sua autorità, legittimata dalla forza e da tutta una vita trascorsa tra mille difficoltà e nata dal fango doloroso dei soprusi subiti, sarà proprio quello che metterà fine alla vita di Antonio Barracano, con una coltellata assestata a tradimento. Ma anche allora, negli ultimi istanti della sua vita, Antonio fa firmare al vile panettiere un patto che lo obbliga a risarcire il figlio Rafiluccio.

Infine, dopo qualche anno ancora, ho visto il bellissimo film di Tornatore, *Il camorrista*, che racconta i prodromi della Nuova Camorra Organizzata attraverso la vita di Raffaele Cutolo.

Cutolo era legato in modo quasi ossessivo alla sorella, e proprio per difenderla finisce in galera dove inizia a prendere potere fino ad assumere il ruolo di capo indiscusso di una nuova forma di malavita completamente diversa da quella precedente, ancora figlia di una specie di setta e forse nata durante la dominazione spagnola, sempre in bilico tra un ruolo di affiancatrice dello Stato sovrano (una sorta di polizia segreta) e il brigantaggio.

Quella camorra ottocentesca, ben raccontata nel film di Squitieri, *I guappi*, fatta di patti di sangue, di regole degne di un'associazione segreta, di fratellanza, era una organizzazione con dei principi e dei valori che ponevano qualche limite etico alle azioni seppure illegali compiute in nome di una giustizia percepita come tale per quanto molto discutibile.

La camorra di Cutolo, invece, entra prepotentemente nel giro grosso della politica e della finanza, perdendo una volta per tutte il senso culturale della propria natura. Credo che, dopo la nascita del fenomeno Cutolo, Eduardo non avrebbe più potuto né voluto scrivere *Il sindaco del rione Sanità*: avrebbe rischiato di confondere il suo personaggio con quella nuova e spietata frontiera criminale.

Ed è lo stesso motivo che mi spinge a scrivere della camorra in questi termini. Non avrei potuto fare finta di niente. Non potevo, in un libriccino che si diverte a prendere in giro i luoghi comuni della cultura partenopea, far finta che la camorra non esista. Ne dovevo almeno accennare e così mi sono trovato di fronte a un dilemma: me ne occupo o no?

Io, che faccio l'attore e mi misuro con il genere comico, in questo libretto che ho scritto per strappare un sorriso, come faccio a metterci dentro la camorra? Non c'entra nulla. Però ne dovevo parlare. Perché altrimenti tutti avrebbero potuto dire che sono un qualunquista, che non ha a cuore le sorti della sua città.

Parlarne solo al presente, però, significava unirmi al coro di accusatori, quelli che dipingono i napoletani come esseri umani geneticamente inclini alla mentalità criminale.

Allora mi sono limitato a raccontarvi come ho conosciuto nella mia vita questo fenomeno che, per fortuna, non mi ha mai coinvolto personalmente se non nel dolore, che ci ha uniti tutti, per ogni cattiveria e per ogni vittima causata dalla camorra, da chi si nasconde dietro un'etichetta per la vergogna di aver colpito persone innocenti al solo scopo di terrorizzare e incupire una città che, molte volte, almeno negli ultimi tempi, faticosamente, ha dovuto trovare la forza di ricostruire, di ricominciare daccapo, di dare voce alla propria identità.

E della camorra non dico più nulla.

La confessione: avevo paura, prima di mettermi a scrivere questo paragrafo, paura del giudizio dei difensori della sacra Napoletanità. Ma poi mi sono ricordato della commedia di Eduardo e ho trovato un bel modo, «alto», come si dice nel gergo culturale, e inattaccabile, per parlare di qualcosa che, purtroppo, esiste in ogni parte del mondo: il crimine, più o meno organizzato e sempre con lo stesso unico e noiosissimo scopo, condurre una vita di merda (scusate la volgarità del termine, ma mi sembra particolarmente azzeccato) pur di accumulare ricchezza.

Parentesi breve

Mi rendo conto solo adesso di aver saltato una voce dell'elenco che avrebbe dovuto precedere il capitolo appena scritto. Era la voce sui latticini. A questo punto mi conviene scrivere il paragrafo su *Gomorra* legandolo direttamente a quello sulla camorra e chiudere in allegria con mozzarelle varie…

Certo, potrei tornare indietro e mettere in ordine tutte le voci annunciate all'inizio del libro, ma ho deciso di essere sincero perché questo è un libro sulle confessioni e sul giudizio che mi aspetta. Non voglio infingimenti, ma verità. Alla fine bisognerà decidere se sono o non sono un napoletano vero, come potrei dichiarare carte false?

E allora riprendiamo da…

Gomorra

Non sono un appassionato di serie televisive, lo confesso (confessione che non mi costa alcuna penalizzazione in termini di identità culturale), ma sono felice quando a Napoli nascono produzioni che portano tanti posti di lavoro per attori e operatori del settore tecnico e amministrativo. Siano esse operazioni televisive, cinematografiche o teatrali.

Napoli in questi anni è stata un ottimo polo di attrazione per investimenti nel settore dello spettacolo. Un tempo esisteva il ministero del Turismo e dello spettacolo e io ho sempre pensato, sin da ragazzo, che quel ministero avesse la sua ragione d'essere più profonda soprattutto nelle regioni del sud. Perché è lì che si concentra la maggior parte del patrimonio archeologico e paesaggistico del nostro Paese.

Ora, questa frase, detta così, potrebbe sembrare quasi offensiva per il settentrione. Eppure tutti, persino i politici, da qualsiasi parte provengano, non hanno nessuna remora a parlare di questione meridionale. Tutti possono parlarne. Lo fanno da decenni. Tutti, da destra a sinistra, da nord a sud non hanno mai esitato a descriverci come la parte più svantaggiata del Paese.

Per cui, quando vedo la gran mole di lavoro televisivo che parte dalla Rai di Napoli, da *Un posto al sole* a *Gomorra*, dagli show all'intrattenimento, da *Made in sud* a *Reazione a catena*, quando passeggiando per la città vedo ai lati delle strade la fila bianca di camper e camion per l'attrezzatura tecnica, tipici dei set cinematografici, quando vedo i cartelloni dei teatri pieni di spettacoli nati e cresciuti a Napoli, allora mi sento orgoglioso e felice. E lo sono altrettanto, quando vedo la città piena di gente che arriva da ogni parte d'Italia e del mondo per vedere le nostre meravigliose chiese, e il *Cristo velato*, e la Napoli sotterranea, i Campi Flegrei con la Sibilla Cumana e la Piscina Mirabilis, la meravigliosa Pozzuoli arrampicata sulla collina della Domiziana col suo colore di tufo, e il nostro mare…

Perciò mi meraviglio quando qualcuno dei nostri concittadini, quelli più tradizionalisti, i puristi della Partenope «perbene», si lamentano del fatto che *Gomorra* dà un'immagine deforme e difforme della vera Napoli, una città che è abitata da cittadini che lavorano e rispettano le leggi.

«Noi non siamo il Bronx!» sento dire ai napoletani più critici, senza timore di sembrare razzisti verso quella parte dell'America, ritenuta dai più la zona franca della delinquenza al potere. «Napoli non è la giungla», altra bordata, stavolta indirizzata agli africani, credo. Sto parlando della serie televisiva e non del bellissimo film di Garrone, molto più crudo e molto più allarmante per la nostra immagine nel mondo.

Nel film si paventa e si intravede una sorta di disperazione che ha il tratto della rassegnazione e della inevitabilità. Sentimenti che nell'opera cinematografica appaiono come realistici, non filtrati dalla finzione narrativa. Eppure nessuno se ne è lamentato, grazie forse al grande successo che il film ottenne a Cannes.

Sulla serie invece, che pure è fatta benissimo e si avvale della capacità di registi, attori e sceneggiatori di ottimo livello, la città si divide. Ci sono quelli che criticano l'opera perché arreca un danno all'immagine di Napoli e perché credono che possa provocare fenomeni di emulazione da parte degli spettatori troppo giovani perché possano guardare le vicende di quelle famiglie perennemente in guerra tra loro con il giusto spirito critico e con il distacco necessario. I fan della serie, al contrario, la difendono in nome di una questione estetica, di puro divertimento, di ammirazione per lo stile internazionale del telefilm (venduto in quasi tutto il mondo).

Io sto un po' in mezzo tra le due posizioni. Credo che *Gomorra* sia una città inventata un po' come lo è Gotham per gli Stati Uniti. *Gomorra* sta a Napoli come Gotham City sta a Chicago, più o meno. Suvvia, nessuno può credere che Napoli sia una città dove i delinquenti si parlano scambiandosi una parola ogni venti minuti, senza sorridere mai, sempre al buio, molto spesso col viso a due centimetri da quello dell'altro senza timore per l'alito, sempre armati, sempre profondamente guidati da un sentimento ancestrale per le mamme, i figli, i parenti, gli amici…

Nessuno può credere che, nella città in cui qualcuno

ha avuto il genio di rispondere ai tifosi veronesi troppo scalmanati, invece che con la violenza, con una frase colta e geniale (*Giulietta è 'na zoccola!*), ci siano quartieri completamente in balia di quella cupezza triste e noiosa in cui tutto, pure la violenza, si ripete sempre uguale.

La trovata della serie è proprio questa: essere riusciti a creare quasi un graphic novel utilizzando tutti i cliché della delinquenza in versione napoletana. Anche la lingua con i sottotitoli è geniale. *Gomorra* ci appare come una terra lontana, straniera, incomprensibile agli stessi napoletani, che, grazie a quell'escamotage, possono sentirsi estranei a quel mondo quasi shakespeariano.

In fondo *Gomorra la serie* è il nostro *Batman* a puntate. Anche se a Gotham City ci sono almeno due personaggi davvero buoni. Uno è l'ispettore James Gordon, interpretato dal grandissimo Gary Oldman, e l'altro, ovviamente, è Batman. In Gomorra invece sono tutti cattivi. Anche questa è la sua originalità. A Napoli ci sarebbero senz'altro delle figure carismatiche e positive che potrebbero rappresentare il poliziotto buono, ma come la mettiamo con Batman?

Chi potrebbe essere il nostro Batman? Nella realtà non ce ne sono di ricchi come Bruce Wayne. Sicuramente di ricchi ce ne sono tanti ma, a differenza dell'omologo americano, sono molto più discreti. A Napoli nessun napoletano direbbe mai: «Io sono ricchissimo». Anzi, la frase che si sente sempre più spesso è: «Sto 'nguaiato, nun tengo manco 'na lira!» A Napoli tutti, anche quelli più ricchi, tendono a minimizzare i propri patrimoni. Per cui, il ricco che decide di mettersi una maschera e un mantello per ripristinare la legalità in un posto come *Gomorra* a Napoli non c'è.

Ma credo che non ci sia nemmeno l'attore giusto. Io mi tolgo immediatamente dalle ipotesi, per ragioni fisiche e di età. Servillo potrebbe essere un ottimo ispettore. Forse Siani: è un bel ragazzo, ancora giovane, ma secondo me si riconoscerebbe anche sotto la maschera. E poi non ci crederebbe nemmeno lui. Sarebbe stato perfetto Massimo Ranieri, ma l'età lo mette fuori gioco e poi, mentre vola da un cornicione all'altro, vuoi che non gli scappi una cantatina per rilassarsi? Lo riconoscerebbero immediatamente. Magari tra le nuove leve si potrebbe trovare il giusto Batman, ma credo che i giovani attori siano già stati utilizzati tutti in *Gomorra* per fare i cattivi.

No, *Gomorra* ce lo teniamo così com'è e gli auguriamo lunga vita, e speriamo che serva da monito per ricordarci sempre che, mentre il giorno e la luce sono patrimonio della Napoli di *Un posto al sole*, il buio e le tenebre sono il patrimonio della universale natura umana, quella che parla la lingua del male ma purtroppo non abbiamo i sottotitoli per capirla e combatterla.

La confessione: a dire il vero non ho mai visto *Gomorra*. A dirla tutta, non ho mai visto nessuna serie televisiva. Non è snobismo. Mi piacciono i film per il cinema. Non sempre. Solo quando sono molto credibili. Anche quelli più finti, come i cartoon che, quando sono fatti bene, possono esserlo molto. Ad esempio, lo confesso, mi piacciono molto tutti i film della Marvel e della DC Comics, con quei supereroi sempre pronti a battersi per un ideale.

Devo ammettere che sono uno spettatore molto medio, molto italiano, molto internazionale. Mi piacciono i film inglesi. E pure quelli americani. Confesso che mi piacciono *Rambo* e *Rocky* e non nego che, a volte, la cultura troppo ostentata, le citazioni, il comune senso di valutazione di una ristretta schiera di eletti mi annoiano. Cosa c'entra questo con l'essere napoletano? C'entra nella misura in cui io *sono* napoletano: perché Napoli, in fondo, al di là di come la descrivono è una città molto colta e raffinata. Non mi interessa apparire colto e raffinato, mi interessa di più che, grazie al fatto di vivere in una città così bella, posso avere il privilegio di amare la cultura semplicemente vivendo e passeggiando per le strade di questo paradiso.

Mozzarella di Aversa o di Battipaglia

Ma vi rendete conto che a Napoli abbiamo una diatriba, a volte con strascichi post-bellici, sulla provenienza della mozzarella? Cioè, se a tavola, malauguratamente, uno dei commensali, che magari non è nemmeno campano, si permette di chiedere «Da dove viene questa mozzarella?» si apre una discussione che può diventare, ripeto, violenta. Certo parliamo di violenza verbale, ma a volte può lasciare ferite più brucianti di quella fisica.

«Ma come, non te ne accorgi? Questa è chiaramente di Battipaglia. Lo senti che è più sciapa?»

«Si vede che sei di Viterbo».

Embè, che vuol dire? Perché uno di Viterbo non dovrebbe accorgersi della differenza tra una mozzarella di Battipaglia e una di Caserta, mentre un napoletano, un avellinese, un campano sì? Le papille gustative hanno forse una diversa sensibilità a seconda di dove si nasce?

«La mozzarella di Aversa, o di Caserta, è più salata», aggiunge quello che, per il momento, sta dando lezione a tutti.

Timidamente provo a dire anche la mia.

«A me quella di Caserta... Aversa, insomma, non

sembra salata... anzi, secondo me, la mozzarella di Aversa... Caserta, insomma... non deve essere salata...»

Di solito è a questo punto che scoppia la rissa. I sostenitori della battipagliese urlano quanto la loro mozzarella preferita sia superiore per delicatezza, mentre quelli della aversana ribattono con le ragioni della sapidità.

«'A muzzarella 'e Battipaglia è fessa...» intendendo che è sciapa, che sa di poco.

«'A muzzarella d'Aversa è chiena 'e sale pecché siccome nun sape 'e niente ce metteno cchiù sale...»

«Comme 'e sasicce...» aggiunge un terzo per avvalorare questa tesi, introducendo un nuovo elemento: le salsicce. Le salsicce! Quelle col finocchietto e quelle a punta di coltello (insaccate con pezzi di carne di maiale tagliate al coltello).

«Ma che ci azzeccano 'e sasicce?!» risponde uno.

«Azze, che ci azzeccano!? 'E sasicce nun se fanno pure c'a provola?».

Vero, a Napoli si fanno delle salsicce squisite mettendo insieme pezzi di carne e grasso suini con pezzi di provola affumicata. E dalla mozzarella si passa all'altra parte del capitolo, alla provola, appunto, e al fiordilatte che, a differenza della mozzarella, sia di Aversa che di Battipaglia, si fanno con latte vaccino.

Ma andiamo per ordine. A Napoli, o meglio, in Campania, si producono sia latticini di bufala che latticini di latte vaccino. Il latticino napoletano più famoso al mondo è la mozzarella, così detta per la lavorazione con cui viene creata. La massa elastica, porosa e bianchissima viene messa (non ho la più pallida idea di quale sia il procedimento biologico) a galleggiare in acqua calda e poi, spezzata, letteralmente mozzata (da cui il nome), dalle mani sapienti degli artigiani che, strizzandola come fosse uno straccio bagnato, la dividono in più pezzi.

Infatti, basta farci caso, c'è proprio una specie di cicatrice sulla pelle liscissima di una mozzarella, che quando è davvero buona a Napoli si dice che è calda calda: «È cavera cavera». E si taglia con qualche difficoltà se il coltello che si usa non è seghettato. Perché è talmente elastica che può sfuggire sotto una lama liscia.

Intendiamoci, elastica non vuol dire gommosa. Per carità, non fatemi dire una cosa del genere che passo un guaio con i guardiani della Bibbia dei Sapori! La mozzarella deve essere elastica, ma cedere al taglio con la resistenza giusta: non troppa, altrimenti si confonderebbe con il capitone che, al contrario, sfugge, giustamente, alla lama che vuole colpirlo. La mozzarella, come ho letto una volta in un articolo di un grande scrittore, dovrebbe rilasciare un riflesso azzurro quando il coltello affonda nella sua pasta bianca.

Questo riflesso azzurro richiama alla memoria quel terribile momento delle mozzarelle blu. Ve lo ricordate? Fu un momentaccio per gli onesti produttori di mozzarelle, quando qualcuno si mise in testa di guadagnare mettendo sul mercato delle mozzarelle finte, che rilasciavano una sostanza molto nociva e di colore blu, ma molto più intenso di quell'azzurro cui si riferiva il grande scrittore, un azzurro talmente fuggevole che solo l'occhio più attento può cogliere.

Personalmente metto la mozzarella al primo posto assoluto dei miei piatti preferiti. Non dirò mai quale delle due scuole preferisco, se quella battipagliese o quella casertana. Anche perché mi piacciono entrambe e devo ammettere che, volendo, un po' di differenza si sente. Ma non in favore dell'una o dell'altra. Ognuna delle due può vantare una originale personalità. Ognuna ha il suo gusto.

Se parliamo dei latticini di latte vaccino bisogna fare ancora più attenzione. Innanzitutto perché si fa sempre gran confusione. Molti, persino a Napoli, non conoscono o riconoscono la differenza tra una mozzarella e un fiordilatte. E questo, anche per me, che sono qui in veste di imputato, per sottopormi al vostro giudizio, è una cosa inammissibile!

Ma come si può confondere una mozzarella con un fiordilatte!?

A parte il sapore (io ritengo, e lo ripeto, la mozzarella sublime. Il fiordilatte è un ottimo latticino – ma anche a Bari e in tutta la Puglia, i latticini di latte vaccino sono eccezionali), ma la lavorazione! Santo cielo, il fiordilatte non si spezza con le mani, si lavora con dei panni (l'ho visto fare qualche volta in un caseificio di Agerola, patria indiscussa del fiordilatte sorrentino) e lo si dondola dolcemente dandogli una forma quasi cilindrica. Poi, se si fa la provola, viene affumicato dando origine a una prelibatezza che, se te la mangi di primo appetito e accompagnato (mio suggerimento personale) da una porzione di patate fritte o al forno, può regalare momenti di autentico orgasmo.

Esiste anche una versione della provola affumicata fatta di latte di bufala, ma la più canonica, la provola istituzionale è quella di latte vaccino (immagino le discussioni su questo! «Salemme nun capisce proprio niente», «'A provola 'e bufala è troppa buona!» eccetera).

Ma il vero problema dei prodotti caseari è che vengono mangiati senza la giusta cultura gastronomica. Mi riferisco non solo al formaggio che viene acquistato, ma anche a chi se lo compra. Molto spesso non è colpa del latticino, se non è buono, ma di chi se lo mangia. Capita infatti che venga rovinato con una superficialità e una incoscienza che sbigottiscono.

Lo so, sto parlando come uno di quei rompiscatole conservatori che ci fanno la lezione di Napoletanità ma, in questo caso, mi vesto io da difensore civile del latticino e della vera mozzarella di bufala.

Perché ho visto cose che voi umani non potete nemmeno immaginare!

Ho visto gente condire una mozzarella ancora calda e al colmo del suo delicatissimo sapore – con sentori di stalla, porosa di aria insaporita dalle maglie filanti di quel caglio fresco in cui il gusto del grasso non ha ancora preso il sopravvento per diventare formaggio... – ebbene, li ho visti deturpare una mozzarella letteralmente divina con olio e pepe.

A queste persone avrei voluto urlare: «Ma magnateve un primo sale ca nun sape 'e niente e allora sì che ci vogliono olio e pepe!» Ma sulla mozzarella no, non lo consento, soprattutto se ve la regalo io e so dove l'ho comprata! Che l'ho ordinata apposta per voi, per farvi un omaggio pregiato.

Ho visto persone che quella stessa mozzarella, o la provola affumicata, l'hanno messa in frigo. In verità non li ho proprio visti fare l'incauto gesto, altrimenti avrei reagito all'istante urlando contro la loro superficialità, per tutta l'incoscienza di un atto così crudele. Ma come si fa a raffreddare (a uccidere!) una creatura che quando ve l'ho portata stava ancora respirando, mettendola in frigo a una temperatura adatta magari al pesce o alla carne! Che follia!

Scusate la troppa irruenza ma sulla mozzarella e sulla provola affumicata non transigo. E infatti sono contento di averle messe nell'ultimo capitolo. Ancora più contento che lo spostamento sia avvenuto per caso, come per dimenticanza. A dimostrazione che questa mia passione per un prodotto assolutamente DOC della nostra cucina, un simbolo del nostro artigianato culinario, non è frutto di una ipocrita volontà di carpire la vostra benevolenza. Sono davvero innamorato di questa eccellenza campana.

Come? Ah, dite che la mozzarella non è proprio tipica napoletana? Battipaglia non è provincia di Napoli? Ah, giusto, Salerno. E Aversa? Provincia di Caserta. Sì, sì... è vero. Però per tutti, in tutto il mondo, la mozzarella è napoletana. E allora c'è la possibilità di essere dichiarato napoletano anche se non si è proprio di Napoli Napoli? Un po' come a Roma, che quando uno dice «Sono di Roma», gli chiedono sempre «Ma di Roma Roma?»

Vabbè, vabbè, non voglio condizionarvi. Decidete voi, dopo aver valutato e letto tutto.

La confessione: non so se con questa ultima voce ho concluso il libro. Credo di dover tradire di nuovo, stavolta volontariamente, il menù che mi ero dato all'inizio e aggiungere qualcosa (poco, tranquilli) prima di lasciarvi.

Considerazioni finali, quasi un epilogo

Non so se con questo mio libretto sono riuscito a conquistarmi o, al contrario, eclissarmi le simpatie dei miei concittadini. Spero solo che venga apprezzato lo sforzo di fare autocritica e la voglia di uscire dalla gabbia degli stereotipi in cui molto spesso siamo noi stessi a rinchiuderci, buttando via la chiave.

Diciamo la verità, essere rispettosi delle proprie radici, delle proprie tradizioni culturali è uno sforzo che siamo chiamati a fare tutti, in ogni angolo del mondo. Un mondo nel quale veniamo alla luce senza un invito, senza un preavviso. Un bel giorno ci vediamo strappati all'ozio sonnolento del morbido liquido amniotico e all'ovattata colonna sonora del mondo reale, presi a schiaffi finché non facciamo sentire il nostro primo urlo, bagnato di lacrime e disperazione, messi a testa in giù tra sorrisi di benvenuto di gente che non sembra comprendere il nostro terrore. Degli strani banditi, che devono averci catturato approfittando della nostra innocente distrazione, in camice verde e con una benda sul viso, non fanno che intimarci di piangere e ci tagliano impietosi il cordone ombelicale, quel fantastico legame a forma di tenero tubicino con la consistenza della pajata attraverso il quale ci giungeva, senza sorprese né sacrifici, il nutrimento perfetto, libero dai dettami della dietistica e dalle illusioni di una salutare vitalità. Il nutrimento amorevole di nostra madre, come Natura ha stabilito.

Noi non decidiamo in quale posto nascere. Lo decide il nostro Dio o, per chi ama l'improvvisazione e la sorpresa, il Caso, dove dobbiamo avviare il nostro cammino su questa terra. E se Dio o il Caso decidono di farci nascere a Parigi canteremo l'inno della rivoluzione francese, se nasciamo in un fronte di guerra probabilmente non vedremo la luce del sole. Chi decide quale sarà il destino di quella creatura che ancora non ha nemmeno il cranio completamente chiuso, che non riesce a vedere quello che intorno a lei tutti vedono mentre la schiaffeggiano sul minuscolo fondoschiena, quel piccolo esserino che strilla con tutto il fiato che ha ma senza riuscire a farsi capire: «Fatemi rientrareeeeee nella pancia di mammaaaaaaa!!!!»

E allora perché se uno nasce a Napoli deve stare più attento di un qualsiasi altro cittadino alle proprie tradizioni? Perché un napoletano deve essere soggetto a più regole di vita, più attenzioni e nutrire più amore verso la propria città di un milanese o un genovese, un ternano o astigiano, un calabrese o un siciliano?

Senza rendermene conto, ecco che il sud l'ho diviso in regioni e il nord in città. Non credo sia un caso. Le città del nord forse lasciano maggiore libertà di scelta ai propri abitanti? Se un astigiano decide di andare a vivere a Roma o a Chieti, nessuno ad Asti si scandalizza. Invece perché per uno del sud è diverso?

Tuttavia, non in tutto il meridione si arriva agli eccessi di Napoli. Sì, perché per un siciliano, che sia di Palermo o di Catania o di Messina, l'appartenenza, seppure orgogliosa alla propria terra non è, almeno agli occhi di noi non siciliani, una caratteristica determinante. Invece noi napoletani siamo avvocati napoletani, attori napoletani, politici napoletani, persino il presidente Giorgio era il presidente napoletano, si chiama addirittura Napolitano!

Io ho ormai un'età in cui il grosso della vita è passato. Il mio è più un appello in nome delle prossime generazioni che Dio o il Caso decideranno di far nascere a Napoli.

Non obblighiamoli a fare i napoletani, cerchiamo di sostenerli a essere quanto più possibile loro stessi.

Non chiediamogli di vivere da napoletani, di bere per forza il caffè della moka come lo faceva mio nonno, di mangiare il ragù come lo faceva mia nonna, di vergognarsi se non sono intonati o simpatici. Non obblighiamoli a far ridere gli ospiti a tavola con aneddoti spassosi e con un dialetto «troppo forte, troppo divertente». Non chiediamogli di imparare a memoria *'A livella* o di dimostrare che non rubano, che non passano col rosso e tutte quelle stupide ribellioni allo Stato così apprezzate nel resto del mondo.

«Ah, i napoletani! Loro quando imbrogliano sono sempre geniali!»

Io non voglio essere geniale perché non metto il

casco e vado in cinque sulla moto. Io voglio essere geniale in quanto unico, geniale perché sto in pace con me stesso e con la mia coscienza. Geniale perché una coscienza ce l'ho ed è pure rispettosa di quelle altrui. Ma, soprattutto, io non voglio essere geniale in quanto napoletano. Io non voglio essere geniale, e basta. Vorrei essere normale. E considerato, come capita a tutti gli altri cittadini del mondo, normale.

E non voglio più sentire, come accadeva al magnifico Troisi nel suo primo film, *Ricomincio da tre*: «Napoletano? Ah, sei emigrante?»

Se abbiamo voglia di girare il mondo, nessuno si senta tradito in una città che conta un milione e mezzo di abitanti. Se qualcuno se ne va, nessuno si senta abbandonato. Lasciamo che chi nasce in questa splendida città decida di andare e poi tornare, di andare o restare. Purché decidano di amarla per scelta e non per devozione. Lasciamo che chi ci guarda non veda in noi un napoletano, ma un essere umano e che non venga più spontaneo pensare: «Napoletano? E famme 'na pizza!»

ROMANZI E RACCONTI

Erica Arosio, Giorgio Maimone, *Vertigine*
Martina Liverani, *Manuale di cucina sentimentale*
Michele Lauria, *Un piccolo Dio*
Petra Hůlová, *Trilocale di plastica*
Maria Tarditi, *Pecore matte*
Alberto Custerlina, *Il segreto del Mandylion. All'ombra dell'Impero*
Åke Edwardson, *Stanza numero 10*
Nicky Persico, *Spaghetti Paradiso*
Hélène Battaglia, *Una promessa di felicità*
Fulvio Abbate, *Intanto anche dicembre è passato*
Caterina Cavina, *Le ciccione lo fanno sempre meglio*
Evgenija Ginzburg, *Viaggio nella vertigine*
Eduardo Rebulla, *Le conseguenze estreme*
Roberto Mandracchia, *Vita, morte e miracoli*
Noémi Szécsi, *La vampira snob*
Barbara Buoso, *L'ordine innaturale degli elementi*
Tommaso Pellizzari, *Movimento per la disperazione*
Jonathan Ames, *Non sei mai stato qui*
Francesco Consiglio, *Le molecole affettuose del lecca lecca*
Claudio Fava, Michele Gambino, *Prima che la notte*
Roberta Torre, *Il colore è una variabile dell'infinito*
Michele Santeramo, *La rivincita*
Luca Ragagnin, *Marmo rosso*
Mauro Berruto, *Independiente Sporting*
Gaia Giordani, *Sei proprio una scema*
e.e. cummings, *La stanza enorme*
Francesca Reggiani, *L'angelo nelle nove*
Monica Zapelli, *Il cielo a metà*
Corrado Fortuna, *Un giorno sarai un posto bellissimo* (3° ediz.)
Davy Rothbart, *Il cuore è idiota*
Alberto Manzi, *E venne il sabato*
Alberto Schiavone, *Nessuna carezza*

Francesca Ramos, *Diciotto ossa rotte*
Simonetta Sciandivasci, *La domenica lasciami sola*
Antonio Pennacchi, *Camerata Neandhertal*
John Dos Passos, *Manhattan Transfer*
Eduardo González Viaña, *La ballata di Dante*
Francesca Romana Capone, *Più di quel che avanza*
Ken Saro-Wiwa, *Sozaboy*
Emma Dante, *Le principesse di Emma*
Francesco Mandelli, *Osnangeles*
Alessandro Valenti, *In grazia di Dio*
Sindiwe Magona, *Da madre a madre*
Giorgio Specioso, *Dinosauri*
Alessandra Selmi, *La terza (e ultima) vita di Aiace Pardon*
Massimiliano Santarossa, *Metropoli*
Fabio Viola, *I dirimpettai*
Edward Abbey, *Desert solitaire. Una stagione nella natura selvaggia*
Francesca Marzia Esposito, *La forma minima della felicità*
Mazarine Pingeot, *Le invasioni quotidiane*
Giorgio Faletti, *La piuma* (2ª ediz.)
Daniela Amenta, *La ladra di piante*
Giacomo Cacciatore, *Se tornasse Natale*
Lucia Del Pasqua, *Quella certa dipendenza dal tasto Invio*
Alberto Custerlina, *La carovana dei prodigi. All'ombra dell'Impero*
Stefania Auci, *Florence*
Marco Pastonesi, Giorgio Terruzzi, *Il bello del gas*
Giorgio Faletti, *Io uccido* (4ª ediz.)
Giorgio Faletti, *Niente di vero tranne gli occhi*
Giorgio Faletti, *Fuori da un evidente destino*
Giorgio Faletti, *Pochi inutili nascondigli*
Giorgio Faletti, *Io sono Dio*
Giorgio Faletti, *Appunti di un venditore di donne*
Camilla Costanzo, *Una bellissima notte senza luna*
Angelo Mellone, *Nessuna croce manca* (2ª ediz.)
Monaldi & Sorti, *Imprimatur* (4ª ediz.)

B.J. Novak, *Una cosa ancora*
Marino Buzzi, *L'ultima volta che ho avuto sedici anni*
Colette, *La donna celata*
Arturo Brachetti, *Tanto per cambiare*
Monaldi & Sorti, *Secretum* (2ª ediz.)
Elena Marinelli, *Il terzo incomodo*
Enrico Dal Buono, *La vita nana*
Gianni Clerici, *Il giovin signore*
Alexandre Dumas, *L'assassinio di rue Saint-Roch*
Elena Ghiretti, *L'intelligenza della specie*
Jesse Ball, *Quando iniziò il silenzio*
Vasco Brondi, *Cosa racconteremo di questi cazzo di anni zero* (9ª ediz.)
Pietro Caliceti, *L'ultimo cliente*
Dario Buzzolan, *Malapianta*
Michèle Gazier, *Le convalescenti*
Francesco Fagioli, *Questi tempi fuori dal tempo*
Jerry Stahl, *Stronzate che ti capitano quando non muori giovane*
Luke McCallin, *L'uomo di Berlino*
Vittorio Russo, *L'India nel cuore* (4ª ediz.)
Mark Twain, *Un americano alla corte di re Artù*
Ana Casaca, *Viaggio al termine del cuore*
Monaldi & Sorti, *Veritas*
PP Wong, *La vita secondo Banana*
Maurizio Crosetti, *Esercizi preparatori alla melodia del mondo*
Carlo Loforti, *Appalermo, Appalermo!* (2ª ediz.)
Daniel Di Schüler, *Un'Odissea minuta*
Gian Paolo Serino, *Quando cadono le stelle* (2ª ediz.)
Franco «Bifo» Berardi, Massimiliano Geraci, *Morte ai vecchi*
Julie Mulhern, *Un salto nel buio*
Monaldi & Sorti, *Morte Come Me* (2ª ediz.)
Paolo Condò, *Duellanti* (2ª ediz.)
Marco Ciriello, *Assassinio sulla Palmiro Togliatti*
Flavia Perina, *Le lupe* (2ª ediz.)
Gino De Crescenzo Pacifico, *Ti ho dato un bacio mentre dormivi* (2ª ediz.)

Giorgio Pirazzini, *Gattoterapia* (2ª ediz.)
Kyle Minor, *Mentre cado, ricordati di me*
Monaldi & Sorti, *Mysterium*
Gianni Miraglia, *Ritornello al futuro*
Sarah Hall, *Le figlie del nord*
Sejal Badani, *La strada di casa*
Davide Enia, *Così in terra*
Lev Golinkin, *Uno zaino, un orso e otto casse di vodka*
Becher Ulrich, *Caccia alla marmotta*
Raul Montanari, *Sempre più vicino* (2ª ediz.)
Fabio Geda, *Nel mare ci sono i coccodrilli* (10ª ediz.)
Angelo Marenzana, *Alle spalle del cielo*
Françoise Bourdin, *La promessa dell'oceano*
Luke McCallin, *La Villa Triste*
Monaldi & Sorti, *Dissimulatio*
Władysław Szpilman, *Il pianista*
Matteo Caccia, *Il silenzio coprì le sue tracce*
Jerry Stahl, *Mezzanotte per sempre*
David Young, *Figli della Stasi*
Paola Cereda, *Confessioni audaci di un ballerino di liscio*
Silviano Santiago, *Stella Manhattan*
Eugenio Raspi, *Inox*
Pietro Caliceti, *BitGlobal*
Richard Cox, *Un'estate da ragazzi* (2ª ediz.)
Angelo Petrella, *Operazione Levante*
Gabriella Margall, *Il segreto di Jane Austen*
Monaldi & Sorti, *I dubbi di Salaì*
Mimmo Borrelli, *'Nzularchia*
Misha Glenny, *Nemesis*
Giorgio Faletti, *L'ultimo giorno di sole* (3ª ediz.)
Elizabeth Harrower, *Gli sguardi addosso*
Emmanuele Bianco, *La pura carne*
François-Henri Désérable, *Évariste*
Carlo Loforti, *Malùra*

Ambra Somaschini, *Simmetrie*
Mattia Torre, *La linea verticale*
Catena Fiorello, *Un amore fra le stelle* (3ª ediz.)
Patrick Fogli, *A chi appartiene la notte*
Franco Vanni, *Il caso Kellan* (2ª ediz.)
Gabriele Dadati, *L'ultima notte di Antonio Canova* (2ª ediz.)
Laurent Gounelle, *Troverai il tesoro che dorme in te*
Raul Montanari, *La vita finora* (2ª ediz.)
Umberto Simonetta, *Tirar mattina*
Dima Wannous, *Quelli che hanno paura*
Serdar Özkan, *La timidezza delle rose*
Antonella Boralevi, *La bambina nel buio* (5ª ediz.)
Alberta Basaglia, Giulietta Raccanelli, *I rintocchi della Marangona*
Haylen Beck, *Scomparsi*
Gianni Clerici, *I gesti bianchi*
Fulvio Abbate, *Quando è la rivoluzione*
Jonathan Ames, *Non sei mai stato qui* (nuova edizione)
Alice D'Arrigo, *Volpe*
Elena Araldi, Lara De Luna, *Fuoco resta con me*
Paolo Villaggio, *La vera storia di Carlo Martello*
Isabelle Artus, *La ragazza che voleva diventare una geisha*
Alberto Cassani, *L'uomo di Mosca*
Igor Bergler, *La Bibbia perduta*
Amy Stewart, *La ragazza con la pistola*
Antonella Boralevi, *Prima che il vento*
Monaldi & Sorti, *L'Uovo di Salaì*
Lucia Tilde Ingrosso, *Una sconosciuta*
Jim Harrison, *Il Grande Capo*
Vincenzo Salemme, *La bomba di Maradona* (2ª ediz.)
Daniela Zuccotti, *Tre minuti*
Chiara Ingrao, *Migrante per sempre*
Loreta Minutilli, *Elena di Sparta*
Franco Vanni, *La regola del lupo*
Miriana Trevisan, *La donna bonsai*

Antonella Boralevi, *Chiedi alla notte* (2ª ediz.)
Manuela Mellini, *Tutta colpa di mia nonna*
Raul Montanari, *La perfezione*
Eugenio Raspi, *Tuttofumo*
Betina Lilián Prenz, *Morte con lode*
Francesco Paolo Oreste, *L'ignoranza dei numeri*
Giovanni Benincasa, *Eccetera (ne ha di parole)*
Raul Montanari, *La seconda porta*
Enrica Bonaccorti, *Il condominio*
Monaldi & Sorti, *La riforma di Salaì*
Amy Stewart, *Grossi guai per Miss Kopp*
Maria Luisa Minarelli, *Scarlatto veneziano*
Alba Parietti, *Da qui non se ne va nessuno*
Mattia Madonia, *Mahut*
Bernard Minier, *Una fottuta storia*
Luigi Garlando, *Cielo manca*
Enrico Ruggeri, *Non si può morire la notte di Natale*
Maurizio Milani, *Il verro ruffiano*
Gabriele Dadati, *Nella pietra e nel sangue*
Igor Bergler, *Il testamento di Abramo*
Lello Gurrado, *Quattro bravi ragazzi. Storie di ordinario bullismo*
Åke Edwardson, *Bungalow*

Stampato nel febbraio 2020 per conto di Baldini+Castoldi s.r.l.
da Print on Web srl, Isola del Liri (FR)